押したら、ヤセた。

美脚トレーナー　久 優子

宝島社

Introduction

ある日
次は みどりが丘〜
みどりが丘に 止まります
あっ!
グラッ
その日はなぜか急いで降りたわけでもないのに、何もないところでつまずいて転んでしまいました。
いたた…
あれ? 何だか足が冷たい…
ヒンヤリ
そのとき初めて自分の足首の硬さと足の冷たさに気がついたのです。
私ってこんな足だったっけ…
疑問に思った私は…
家に帰って自分の母と姉の足を触らせてもらいました。
わっ!!

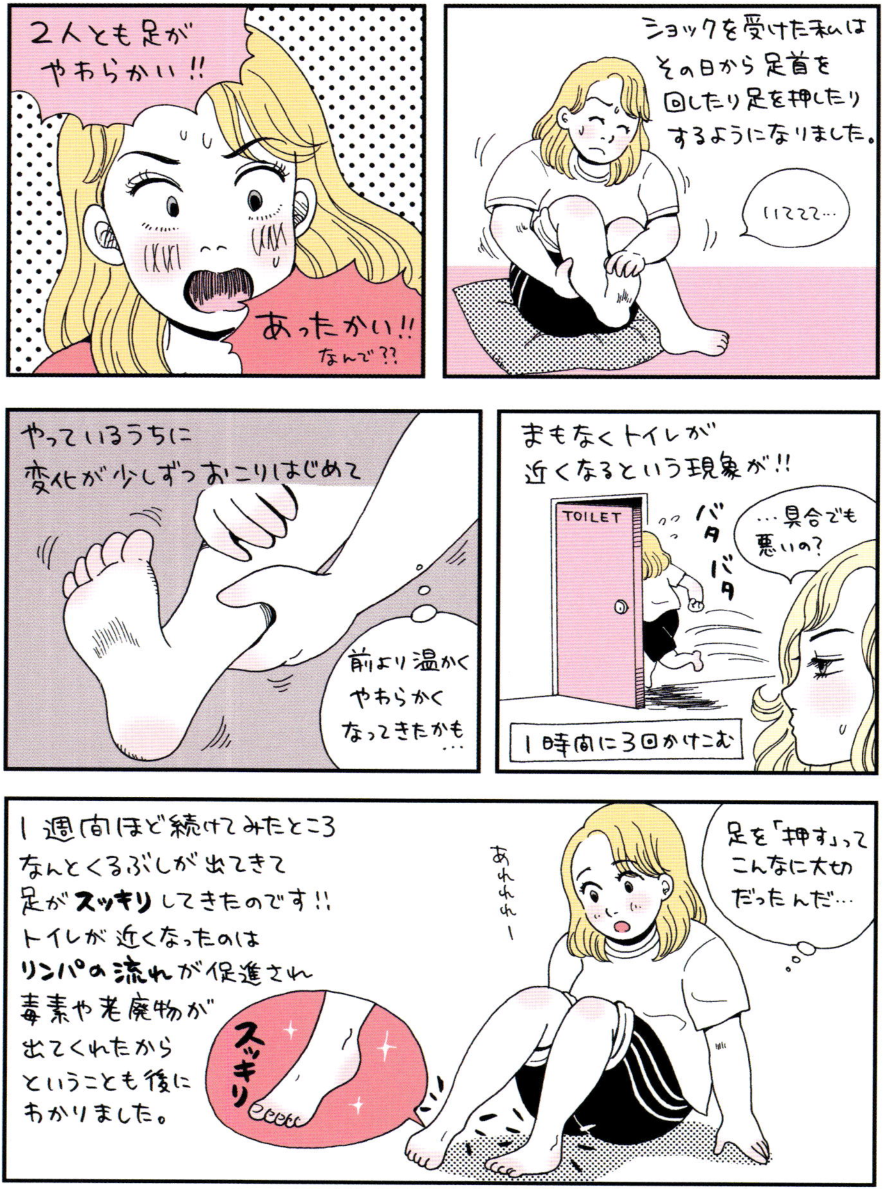
2人とも足がやわらかい!!
あったかい!!
なんで??
ショックを受けた私はその日から足首を回したり足を押したりするようになりました。
いててて…
やっているうちに変化が少しずつおこりはじめて
前より温かくやわらかくなってきたかも…
まもなくトイレが近くなるという現象が!!
TOILET
バタバタ
…具合でも悪いの?
1時間に3回かけこむ
1週間ほど続けてみたところなんとくるぶしが出てきて足がスッキリしてきたのです!!トイレが近くなったのはリンパの流れが促進され毒素や老廃物が出てくれたからということも後にわかりました。
スッキリ
あれれれれー
足を「押す」ってこんなに大切だったんだ…

結果が出るって楽しい!!
がぜん意欲的になった私は
ヒマさえあれば足を押し続け…
自室で。
憧れの峰不二子のフィギュア(笑)
お風呂場で
クラランスのアンティオーオイル
半年で体重が68キロから53キロにダウン
(ちなみに私の身長は164cm)
DOWN!
68kg
53kg
この頃から脚のパーツモデルとしても活動しはじめます。
最近、リンパドレナージュの先生にもお会いできたし
せっかくだから少し勉強してみようかな
なんか面白そう!
そう思った私は人体学・バランス学・リンパについて4人の先生の元で理論を学びはじめました。

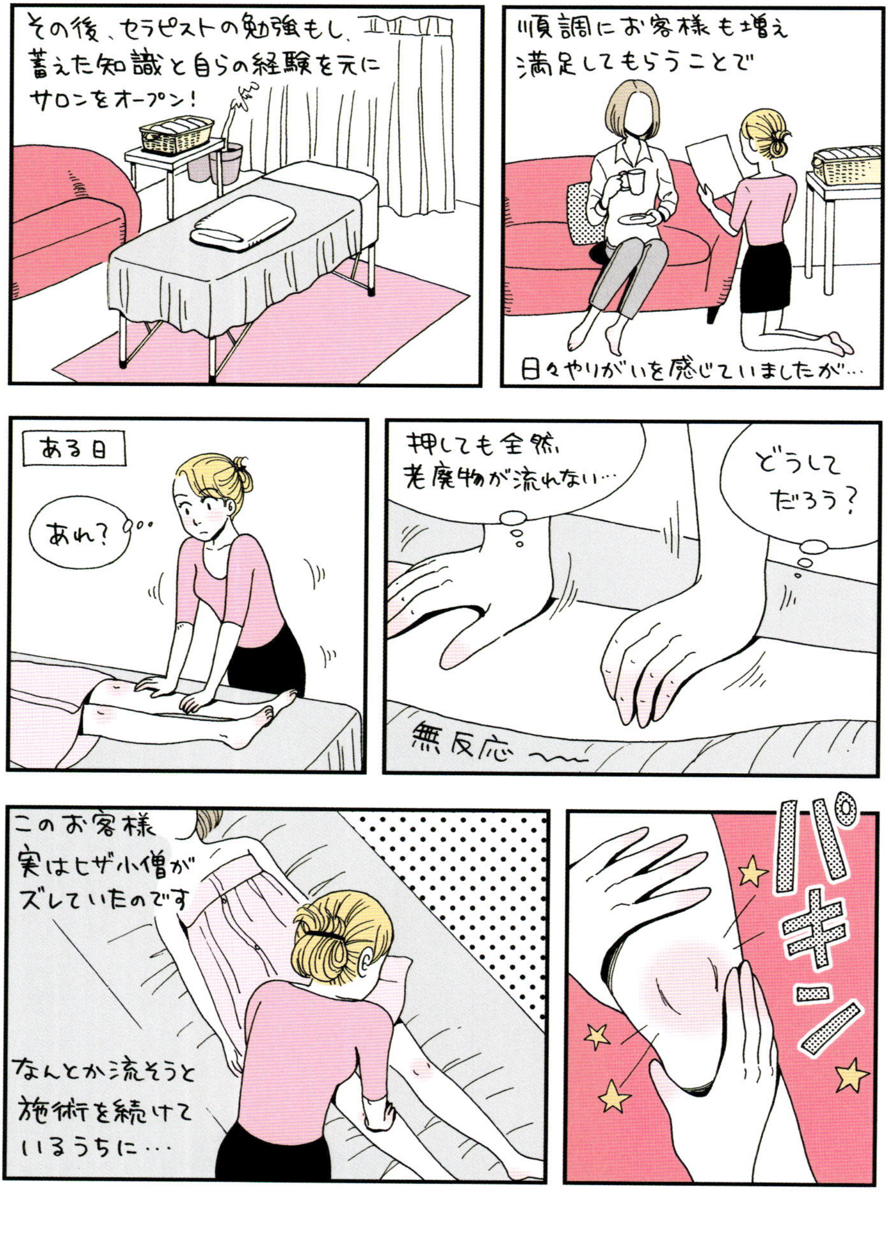
その後、セラピストの勉強もし、
蓄えた知識と自らの経験を元に
サロンをオープン！
順調にお客様も増え
満足してもらうことで
日々やりがいを感じていましたが…
ある日
あれ？
押しても全然
老廃物が流れない…
どうして
だろう？
無反応～～
このお客様
実はヒザ小僧が
ズレていたのです
なんとか流そうと
施術を続けて
いるうちに…
パキン

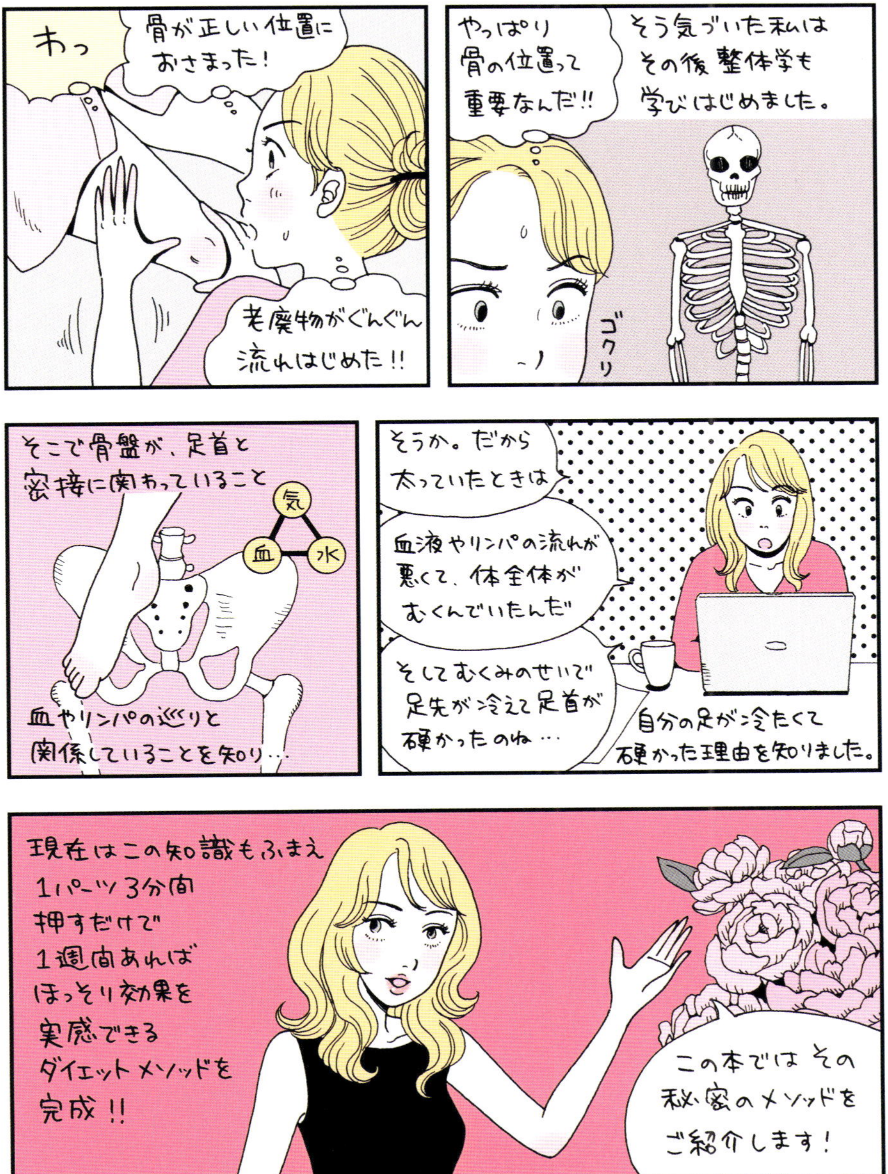
わっ
骨が正しい位置におさまった!
老廃物がぐんぐん流れはじめた!!
やっぱり骨の位置って重要なんだ!!
そう気づいた私はその後整体学も学びはじめました。
ゴクリ
そこで骨盤が、足首と密接に関わっていること
気
血
水
血やリンパの巡りと関係していることを知り…
そうか。だから太っていたときは
血液やリンパの流れが悪くて、体全体がむくんでいたんだ
そしてむくみのせいで足先が冷えて足首が硬かったのね…
自分の足が冷たくて硬かった理由を知りました。
現在はこの知識もふまえ1パーツ3分間押すだけで1週間あればほっそり効果を実感できるダイエットメソッドを完成!!
この本ではその秘密のメソッドをご紹介します!

「CONTENTS」

02 Introduction

12 「押すだけでヤセる」
魔法のようなメソッドです

14 なぜ「もむ」のではなく
「押す」とヤセるのか？

16 10〜15秒「押す」だけ！
1週間で体がみちがえます！

PART1
「押しヤセ」の秘密

20 secret.1
4つのアプローチで「押す」からヤセる！

22 secret.2
リンパが流れるから「代謝」が上がる！

24 secret.3
骨格が整うから「ボディライン」が明らかに変わる！

26 secret.4
「万年ダイエット」から卒業して
一生リバウンド知らずになれる！

28　久式“カーヴィング”押しのキーワード
30　しっかりマスター！ 基本の「押し」方
32　HOW TO この本の使い方

PART2
下半身を押しヤセ！

36　#01　太ももを細くする
38　#02　ひざまわりのもたつきをなくす
40　#03　ひざの下を長くする
42　#04　華《きゃ》奢《しゃ》な足首を作る
44　#05　四角いお尻を丸くする
46　#06　まっすぐな脚になる
48　#07　ふくらはぎを薄く細くする
50　#08　脚のむくみを取る
52　#09　美しい後ろ姿になる
54　#10　足の機能性を高める

56　COLUMN
足の反射区を知っていると本当に便利です

PART3
上半身を押しヤセ!

60 #11 ウエストにくびれを作る

62 #12 下っ腹を凹ませる

64 #13 二の腕をふたまわり細くする

66 #14 背中の無駄肉を削ぎ落とす

68 #15 華奢な腕になる

70 #16 細く長い指になる

72 #17 腰の位置を高くする

74 #18 たくましい肩とさよならする

76 #19 美しいデコルテになる

78 #20 美しいバストを手に入れる

80 COLUMN
市販グッズを上手に使ってヤセ度をアップ!

PART4
顔を押しヤセ!

84 #21 フェイスラインをスッキリさせる

86 #22 二重あごを解消する

88 #23 エラ張りを和らげる

90 #24 顔全体のむくみを取り去る

92 #25 鼻を高くする

94 #26 頬骨を高くする

96 #27 ほうれい線をなくす

98 #28 目尻のシワをなくす

100 #29 ぱっちりした目元を手に入れる

102 #30 首のたるみ、シワを解消する

104 COLUMN
女性の不調は顔の反射区を活用すれば解消できます！

106 COLUMN
久式 ヤセぐせをつける10カ条

108 おわりに

「押すだけでヤセる」魔法のようなメソッドです

「○○したらヤセる！」「 ○○ダイエット」と世の中には色々なダイエット方法があります。私もかつてダイエットに燃えていた時代があり、様々な情報を得て自分なりに研究した経験があります。なぜなら私にはデブ時代があるからです。当時の写真を見た人は「え？」「だれ？」と口をそろえて言い、笑います。身長164cm、体重68kg。顔はパンパン、全身むくむく。もちろん脚は太く、美脚という言葉とは程遠いデブ体型。その私がある方法で、半年で15kgのダイエットに成功し、脚のパーツモデルになるまでに大変身したのです。

なぜ私が半年で15kgのダイエットに成功することができたか？
それは「押す」ということで
・「血流」や「リンパ」の流れがよくなった
・「関節」がゆるんだ
・「リンパ節」が開いた
からです。

当時の私は体の構造やメカニズム、体についての知識をまったく知らなかったのですが、のちに人体学・解剖生理学を学び、この「押す」というアプローチがいかに重要だったかを知りました。

現在、私はセラピストとして、私自身がダイエットに成功した経験をいかしたボディメンテナンストリートメントを行っています。私のトリートメントでは、いわゆる「もむ」ことはせず、「押す」＋まわす、「押す」＋動かす、「押す」＋流す、「押す」＋伸ばすなど、「押す」ことがメインになっています。「もむ」よりも「押す」ことで、「もむ」ことでは得られないすごい効果を得られます。何より体の表面だけを整えるだけでなく、深部へアプローチできるため、体の中からキレイになると同時に、キレイにヤセることができるのです。

そして私が日々行っているセルフケアメソッドでも「押す」のがメインです。私の場合、毎日のセルフケアのおかげで体が整ったため、さらにマイナス5kgの合わせて20kgダイエットすることができました。今でもリバウンドせず、スタイルがキープできているのもこの「押す」メソッドを続けてきたおかげだと自負しています。

「もむ」と指や手が疲れて、腕がパンパンになってしまった！ なんてことをよく耳にしますが、「押す」ときは自重を使うことが多く、また顔などの細かいパーツを「押す」ときには力を入れませんので、自分の手が痛くなることはありません。さらに「押す」＝「面として捉える」ということなので、初心者でもしっかり効かせやすい、という利点もあります。これなら不器用な方、マッサージなどを日頃からする習慣のない方でもできる！ そう思いませんか？

押す時間の目安は10〜15秒。体を押せば押すほど、あなたの体の「ヤセスイッチ」が入るはずです。

なぜ「もむ」のではなく「押す」とヤセるのか？

私がダイエットをしているとき、とにかくヤセたい一心で食事制限をしたり、運動量を増やしたりしましたが、なかなか思うような効果は得られませんでした。そしてあるとき、硬くなった贅肉・セルライトは柔らかくしないとなくならないと聞き、必死に「もむ」ようになりました。足裏からふくらはぎ、ひざのまわり、太もも、お腹などあらゆるところをひたすら「もむ」日々。

そしてIntroductionでも触れた通り、ある日、段差のないところでつまずいた経験をしてから足首の硬さに気づき、足首まわしをするようになりました。足首をまわそうとすると自然とくるぶしの横に指がいくので、そこを「押す」ことで支点となり足首の可動域が増えたのです。押すだけでくるぶしまわりがほんのりあたたかくなり、足首をまわせばまわすほど足先がポカポカし、脚全体が温かくなったのです。
「もむ」だけではこんなにあたたかくならない！　そう感じた私は日々のマッサージに「押す」をプラスしてみました。すると「もむ」よりも「押す」ことで着実に体が引き締まり、ヤセたのです。

どうして「押す」だけでヤセたのかというと「押す」という刺激によってリンパやリンパ節、血流、関節、筋肉、ツボ、反射区などにアプローチし、流れをよくしたり、ゆるめたりできたからだと専門知識を学んでからは合点がいきました。

リンパや血液は皮膚の浅い部分にも深い部分にもあり、頭のてっぺんから足の先、内臓のいたるところ隅々までお互いの機能を補いながら流れています。その流れは「押す」ことで促進できます。そして、リンパ節を「押す」ことで滞りをなくし、流れをよくすることができます。ツボや反射区も「押す」ことで刺激を与えると、体の不調を整えるサポートをしてくれます。関節の場合は骨のキワをしっかり「押す」ことで関節をゆるめ、ゆがみがあれば矯正することができますし、筋肉を刺激することで筋肉を正しい位置に戻したり、疲労物質を取り除き、酸素を送り込んで良質な筋肉を作ったりすることができるのです。

特に流れを促進するためにケアしたいのは関節です。関節は体内に約260箇所あり、「押す」と同時にまわしたり、動かすことでゆるめることがカンタンにできるのです。関節がゆるむとリンパの流れや血液の流れが促進され、老廃物や毒素を排泄《はいせつ》するだけでなく、体も温まるから不思議です。同時にツボや反射区を「押す」ことでその作用はより促進されるのです。

「押す」ことで「もむ」ことではアプローチできない深い部分もきちんとケアすることができるので体より良い状態に導くことができます。

体はすべてつながっています。動きには必ず連動・連鎖があり、相互作用があるため、体のメカニズムを知り、たった10秒～15秒「押す」だけでみるみる変わる体の変化を体験してみてください。

10〜15秒「押す」だけ！
1週間で体がみちがえます！

今回紹介するのは「下半身」「上半身」「顔」の３パーツ別の押し方です。

なぜ下半身からになっているかというと、体の土台である「足」から整えることが重要だからです。「足」をしっかりケアをせず、上半身や顔のケアをしても効果は持続しません。
最も大切な体の土台である「足」を整えることから始める「久式メソッド」は1日1パーツ1分〜行うだけで体の中からリセットできるので、1週間後には必ず体の変化を実感いただけます。

P.34〜の**「下半身の押しヤセ」**は足裏や足首、ふくらはぎをしっかりケアしましょう。足裏や足首まわりにはたくさんの反射区（体のさまざまな臓器や部位につながる末梢神経が集まったところ。P.56参照）があるため、「押す」ことで刺激を与えると体の各部位や内臓、また弱っている部分や機能がダウンしているところへアプローチすることができます。またふくらはぎには体の巡りをよくすることができるツボがたくさんあります。また、上半身の不調を改善できるツボや、ホルモンに作用するツボなどもあるので全身ケアにもなります。

P.58〜の**「上半身の押しヤセ」**は年齢の出やすい首まわり、デコルテをしっかりケアしましょう。首、デコルテまわりは耳下腺《じかせん》リンパ節や鎖骨リンパ節・腋窩《えきか》リンパ節などの大きなリンパ節が集中していますので、「押す」ことでリンパを刺激し、体液の巡りをよくし、代謝を上げることができます。バストやウエストはもちろん、気になる二の腕や背中のたるみケアを同時に行うことで、より全身のケアにつなげることができます。

P.82～の**「顔の押しヤセ」**は、スキンケアをするときにプラスできるケアをピックアップしています。フェイスラインをスッキリさせる、ほうれい線をなくすなどの悩みケアだけではなく、鼻を高くする、頬骨を高くするといったうれしいメソッドも紹介。顔の骨のまわりにある老廃物を「押し」、ほぐし、流すことで骨が浮き上がりやすくなり、驚くほど立体的に仕上げることができます。

体の「ヤセスイッチ」を効果的に刺激するためには、まずは下半身のケアから行うことをオススメします。特に足裏や足首、ふくらはぎのケアをした後に「上半身」へスライドするとより効果アップします。
また「顔」のケアは首が要になりますので耳の下から鎖骨まで、またあご下をしっかり刺激してから行うとより効果が倍増します。そして顔の「押しヤセ」は毎日のケアのついでに行うのがオススメ。肌への摩擦を軽減させるために手のひらで温めたオイルやクリームをたっぷり使って「押す」「ほぐす」「流す」を意識してみましょう。

１パーツ１分～、１週間で体は確実に変わります。

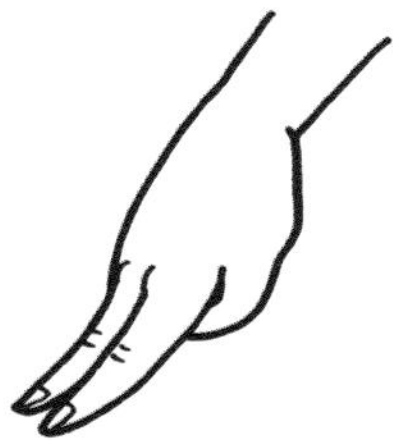

PART 1

the secret of “oshiyase”

「押しヤセ」の秘密

「押す」ことで表面ではなく、深部にしっかりアプローチ。血液・リンパ・関節・ツボ・反射区などへはもちろん、骨のキワを「押す」ことで、彫刻するように形を整えると同時に血流やリンパの流れを促進。理にかなった方法だから美しくヤセられるのです！

「押す」だけでこんなに
うれしい体の変化が！

secret.1

4つのアプローチで「押す」からヤセる!

ダイエットに肝心なリンパ・血液・関節・反射区。これらを押し、流れを促進させたり、刺激したり、ゆるめることにより本来あるべき姿に戻すことができるため、代謝が上がりヤセることができます。また筋肉(筋膜)を「押す」ことで全身がゆるみ、ヤセ効果がアップしますので意識的に刺激して。

血液(血管)

血液は全身に酸素や栄養を運び、心臓に戻るときに老廃物を回収しています。血管は約10万km、地球を2周半できる長さがあり、約1分で全身を巡って心臓に戻ってくるほどの速さで流れています。血流がよくなると体温もUPします。

リンパ(リンパ管・リンパ節)

リンパは体の中の「下水道」の役割。血液で回収しきれなかった老廃物を回収する役割をしています。リンパの流れはとても

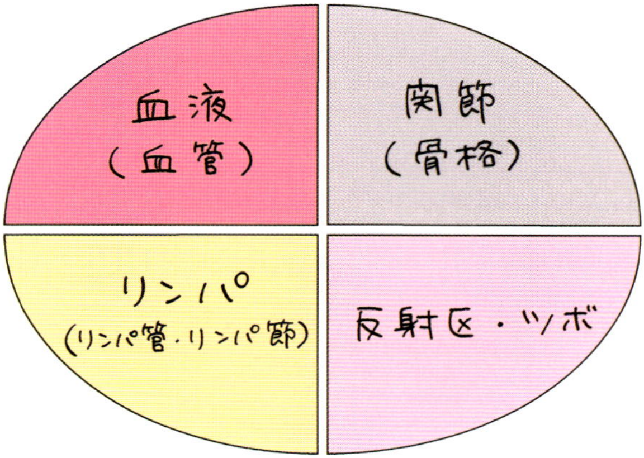

ゆっくりで、体内を1周するのに6〜8時間もかかります。スムーズに流れれば、むくみや冷えも解消できるのです。

関節（骨格）

関節は骨と骨をつなぐ大事なジョイント部分。全身の骨が200〜206個に対し、関節は全身260箇所もあります。関節をしっかり使えることで可動域が広がり、動きがスムーズになり、血液やリンパの流れがよくなります。特に心臓から遠く重力の影響を受けやすい、足・足首の関節は意識的にケアしましょう。

反射区・ツボ

反射区とツボの違いは、反射区はゾーン（面）でツボは点であること。ゾーン（面）だと自分でもその箇所を探りやすく、セルフケアに向いています。ゴリゴリ、硬くなっているのは体からの不調のサインなので見逃さないようにしましょう。

secret.2

リンパが流れるから「代謝」が上がる！

リンパは皮膚に多く分布されているので皮膚をさするだけでもリンパの流れが促進されるとよく言われます。それは間違いではないのですが、日頃お客様を施術していると、現代人はさするだけではもはや流れにくくなっているように感じます。

「リンパ節」はリンパ管が合流し、ろ過するフィルターのような役割をしていますので「押す」ことで刺激をし、リンパ節を開き、通り道を広く太くすることが大切です。リンパ節は全身に600個ほどあり、代表的なリンパ節は耳下腺《じかせん》リンパ節・鎖骨リンパ節・腋窩《えきか》リンパ節・腹部リンパ節・そけいリンパ節・膝窩《しつか》リンパ節があります。

そして皮膚を「さする」のではなく、「もむ」のでもなく、垂直に「押す」ことでリンパの流れを促進することができるのです。

体内の老廃物はリンパ管を通って体外に排泄されますが、その老廃物は必ずリンパ節を通ります。リンパを意識してマッサージをしていてもむくみが解消されない！ 脚が細くならない！ という方はそもそもリンパ節に流し入れていないか、リンパ節に詰まりがあり、流れていけないかのどちらかです。

リンパ節はフィルターのようなものですから、カスが溜まってしまうとフィルターが目詰まりして流れにくくなり、詰ってしまうのです。その詰まりを取り除くためにもリンパ節を開くように「押す」ことが大切なのです。

リンパの流れがスムーズになれば老廃物は体内に溜まりにくくなり、循環がよくなりますのでダイエットに必要な「代謝」を効率的に上げることができるのです。

リンパの流れがよくなると血液の流れもよくなるため、よりむくみにくく、冷えの改善にもなります。

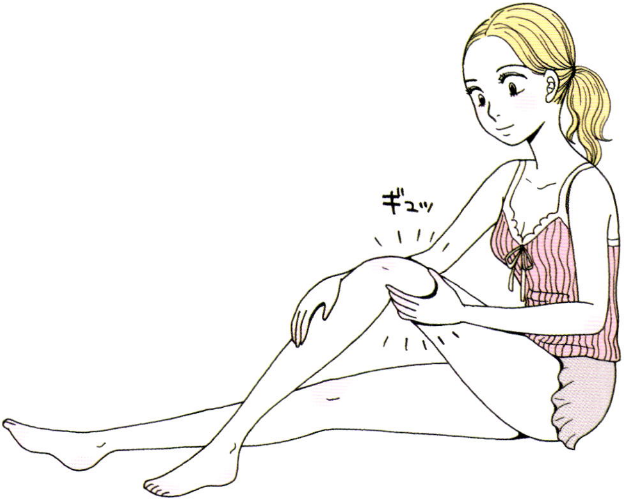

secret.3

骨格が整うから「ボディライン」が明らかに変わる！

私たちの体は200〜206個の骨で構成されており、本来、骨格だけで体を支えられるようにできています。
そして骨と骨をつないでいる関節のおかげで体は自由自在に、複雑な動きができるのです。なんとその関節は全身に約206箇所もあり、それらの関節がしっかり使えると、関節の可動域は狭まらず、動きがしなやかになります。
たとえばわかりやすいのは足。足の骨はくるぶしから先に28個の骨があるのですが、それらをつなぐ関節がたくさんあるからこそ足の関節も手と同様、さまざまな動き、複雑な動きができるのです。
足首が硬くなると昔の私のように段差のないところでつまずいたり、足首をくじいたりしやすくなります。それだけではなく足先に血流が行き届かなくなり、末端冷え性になってしまうことも。

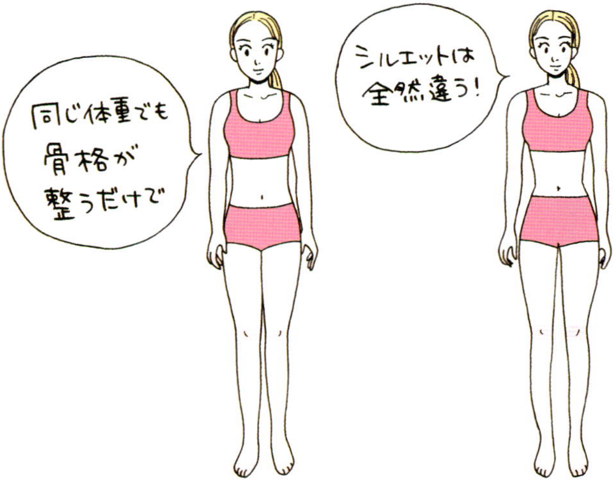

普段、あまり意識をしたことはないと思いますが、人間が一つの動作をするときには必ず「骨の連鎖」（連鎖運動）が起こっています。
カンタンにいうと、ある部分が動くと連動して他の部分も動くという特性なのですが、立った状態で股関節を内側にまわすと自然にひざも内側にねじれ、足首もねじれます。骨の形と関節の構造によりこのような動きになるのです。
つまり関節を「押す」ことで関節がゆるみ、この動きがスムーズになり、スムーズになることで骨格のゆがみが改善され、骨格が整いやすくなるのです。
骨格が整うとボディラインも自然と整うので、同じ体重でも見た目が変わります。そのうえ、詰まりがないので自然と体が引き締まり、さらにヤセやすい体になるのです。

secret.4

「万年ダイエット」から卒業して一生リバウンド知らずになれる！

いつもダイエットをしているあなた！　何度もリバウンドしているあなた！　ダイエットが続かないのはすぐに効果を感じられないから。リバウンドしてしまうのはどこかに無理があるからです。もうそろそろ人生最後のダイエットにしませんか？

私が考える“正しいダイエット”とは理想の体を手に入れ、その体型を一生キープすることだと思っています。そしてそれを実現できるのは、この「押す」を基本としたセルフケアだと断言します。

この本で紹介しているのは、私が実際に毎日行い、また気になる部分を見つけたときに集中的に行うケアですので、誰でもカンタンにできます。

何よりも体の構造やメカニズムに沿ったケアなので、効果が出やすく、実感しやすいのがポイント。それだけではなく、体の中から改善するアプローチなので、効果が持続しやすいというのも特徴です。

そしてダイエットするときには、理想の体を手に入れてからも一生続けられる「ルール」を作りましょう。そのルールはハードなことではなく、習慣化できることでなければなりません。その「ルール」を習慣化できれば「一生リバウンドしない体」が手に入ります。何度となくリバウンドした経験のある私が20数年間スタイルキープできているのも、妊娠・出産後の体重の変動、ボディラインの崩れがないのもこの「ルール」のおかげなのです。詳しくはP.106〜107を参考にしてくださいね。

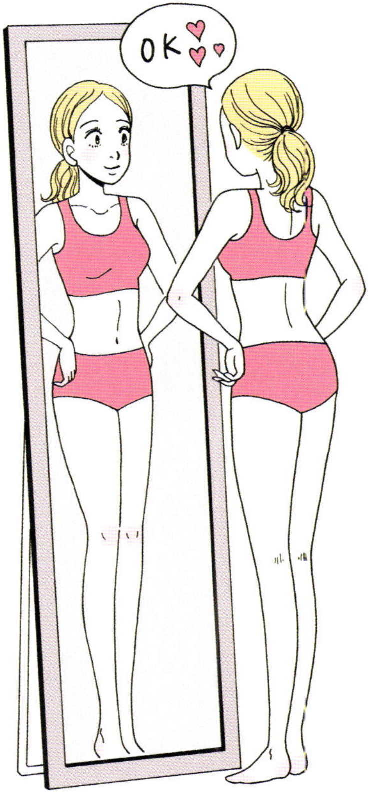

リバウンドを繰り返すと確実にヤセにくくなります。皮下脂肪がつきやすくなるため、おなかまわりにガンコな脂肪がついてしまったり、元の体型よりも太ってしまう可能性も。リバウンドによって脂肪だけではなく、セルライトも増えやすくなります。だからこそ、これを最後のダイエットにしましょう。

久式 "カーヴィング"押しのキーワード

カーヴィング＝彫刻する/彫る。久式は「もむ」よりも「押す」。
「押す」ことで彫刻するように周りから攻めて形取ることが大切なのです。

KEY WORD 1

「時間帯」

お風呂上がりやストレッチの後がベスト。体が温かくなっているときの方が痛くない！ やりやすい！ 流れやすい！

KEY WORD 2

「場所」

ケアを行うのはどこでもOK。押すポイントだけ覚えればオフィスでも電車内でも。「〜ながら」でも！

KEY WORD 3

「押す秒数」

1カ所あたり10〜15秒を目安にじわーんと効かせて。

KEY WORD 4

「ドクドク」

しっかり押すことで、血液の流れを感じることができればGOOD。

KEY WORD 5

「ツボ・反射区」

ツボや反射区も味方につけて効率的にアプローチしていきましょう。

KEY WORD 6

「自重を利用」

指の力ではなく自重を使うと楽に押すことができます。

KEY WORD 7

「リンパ」

リンパの流れを感じて行うことでより効果が実感できます。リンパに意識を集中させる習慣を心掛けましょう。

KEY WORD 8

「ス〜ッと軽くなる」

コリがなくなり、リンパや血液の流れがよくなると、一瞬体が軽くなります。この感覚が大事！

しっかりマスター！ 基本の「押し」方

指を使い分けることでもっと効果がアップします。
マッサージをすると手や指が痛くなる…そういうことありますよね。
でもそれは正しく手や指を使えていない証拠！
正しく使えば痛くないし、効果は倍増。1箇所あたり10〜15秒を目安に。

1：親指押し

親指の腹を使ってじっくり
奥深くに効かせる

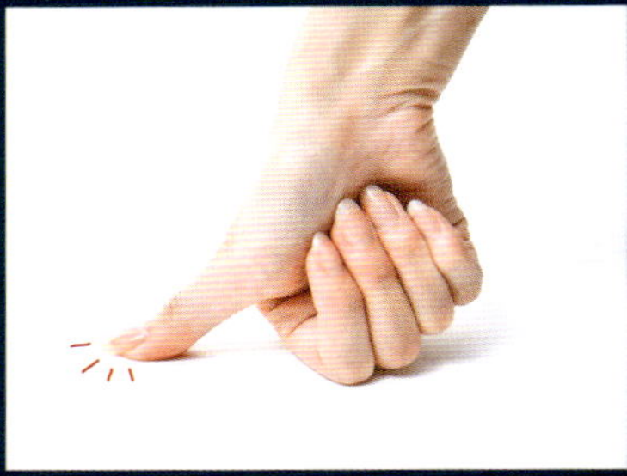

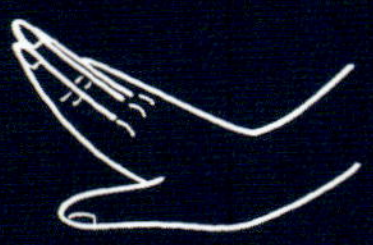

2：手のひら押し

手のひらの下半分を使って
奥までしっかり効かせる

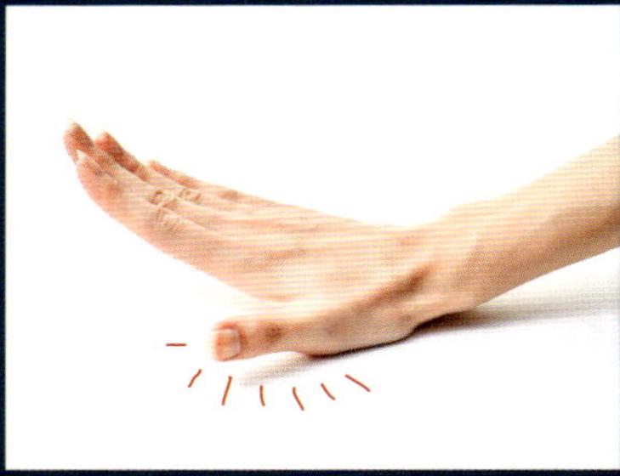

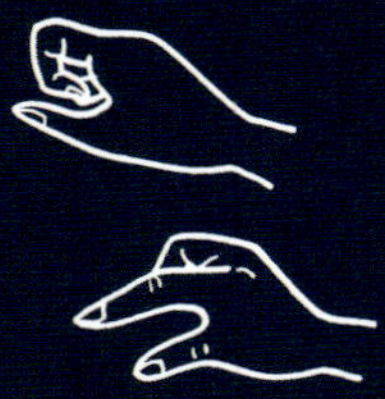

3：親指＆人差し指押し

親指と人差し指の先、または
第二関節で2点同時にPush

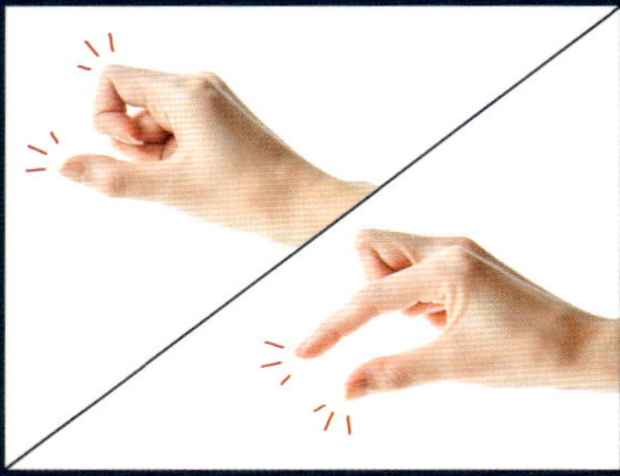

4：
人差し指＆
中指、薬指押し

人差し指と中指、薬指の
指の腹で3点同時にPush

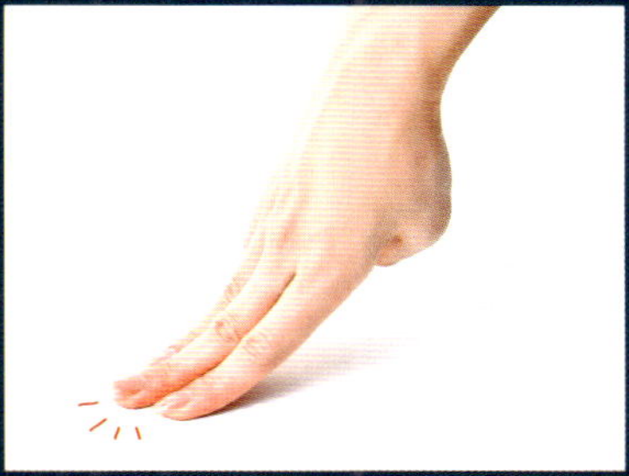

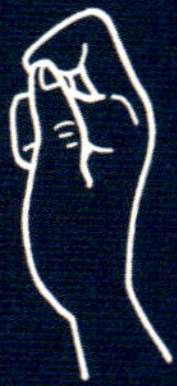

5：
中指カギ押し

中指の第二関節を使って
ググ～っと奥まで効かせる

6：
第二関節押し

人差し指・中指・薬指・小指
の4本の指の第二関節で
広い範囲へアプローチ

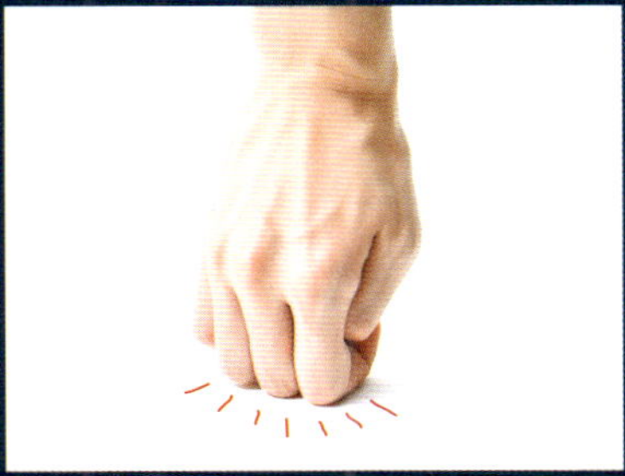

7：
ひじ押し

自重をかけて奥深くまで押す

HOW TO　この本の使い方

Lower body　Upper body　Around the face

場所

下半身、上半身、顔の３つのパーツごとにそれぞれ10個ずつの「押しヤセ」メニューがあります。

07

「あれ、ヤセた?」と必ず言われます

ふくらはぎを薄く細くする

1セット 2分

時間

1メニューにつき10〜15秒押しながら行ったときの1セットあたりの目安の時間です。理想は1セット5回ですが、時間のない日は1セット1回〜でOK。

押すのはココ!

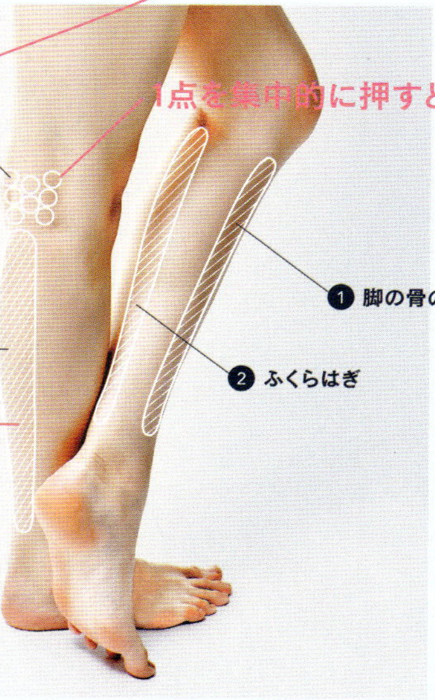

1点を集中的に押すとき
ひざ裏 3
1 脚の骨のキワ
ふくらはぎ全体 4
2 ふくらはぎ
広範囲を押すとき

押す場所MAP

目的に合わせて押す場所が紹介されています。1点をギューッと押すときと、リンパの流れに沿って広範囲を押すときがあるので、MAPをよくチェックしてから行ってください。やみくもに押してもヤセません!

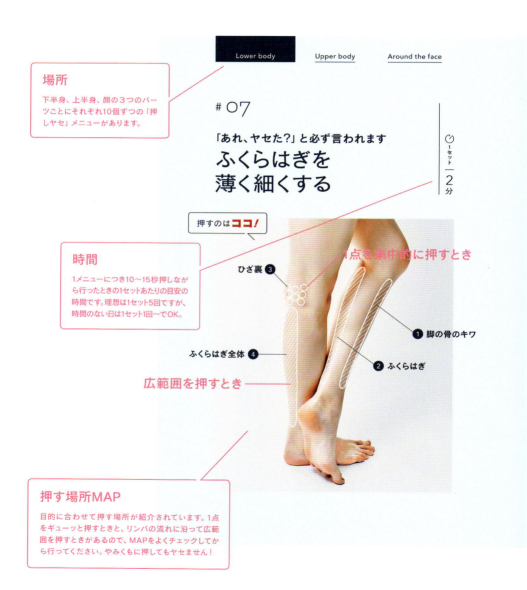

この本では、「下半身」、「上半身」、「顔」の3つのパートに分けて目的別の「押しヤセ」の方法を紹介しています。自分のヤセたい部分や悩みに合わせて、まずは左ページで押すパーツをチェック。 そのあとに右ページのhow toを見ながら行ってみてください。慣れてくると指を自然に動かせるようになるはず。

how to PUSH! **押し方**

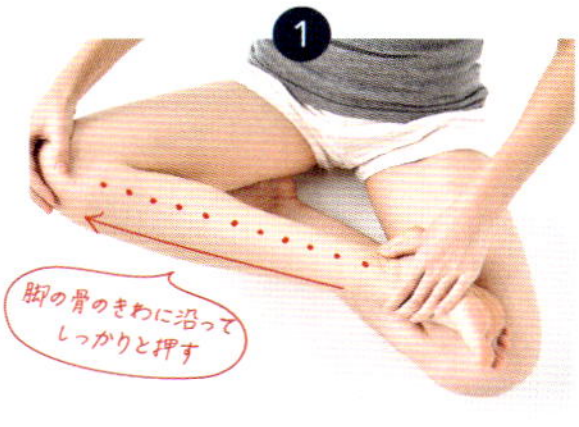

脚の骨のキワを押す

脚の内側のくるぶしからひざの内側にかけて、骨のキワを**親指押し**でしっかり押していきます。骨に沿ってゆっくり圧をかけます。

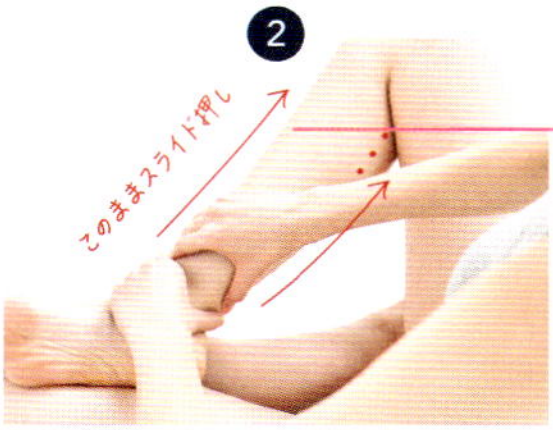

ふくらはぎを押す

親指押しでふくらはぎをしっかり押します。

押すときのポイント

赤字で押す場所や方向などをわかりやすく説明しています。「反対側も同様に」となっているものは同じ動作を左右で繰り返しましょう。

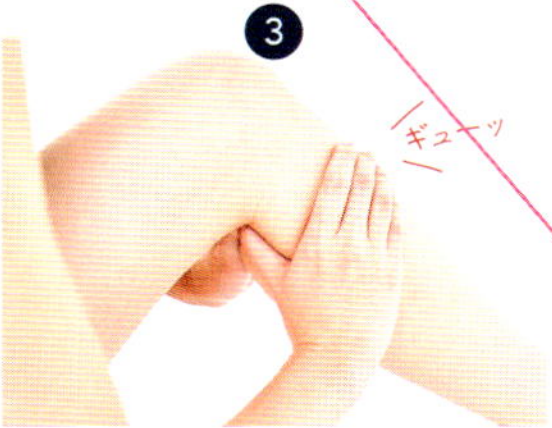

ひざの裏を押す

ひざの裏を**両手親指押し**でしっかり刺激します。ひざの裏にはリンパ節があるのでしっかりと。

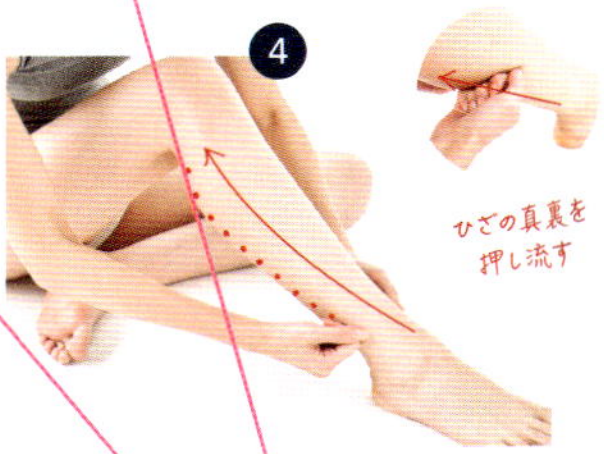

ふくらはぎ全体を押し流す

第二関節押しでふくらはぎ全体をひざ裏まで押し流します。反対側の脚も同様に。

押し方

p.30～31で紹介した押し方のどの方法を使っているかわかりやすく紹介しています。名前を見ただけで指を作れるようにしよう。

PART 2

Lower body

下半身を押しヤセ！

美脚はみんなの憧れ。ほっそり長く伸びた脚になれれば、背が高く見え、スタイルだってよく見えちゃう！キュッと締まった足首、柔らかなふくらはぎ、スッキリしたひざ、引き締まった太もも…理想を手に入れよう！

01-10

下半身の太りグセ、気づかないうちにやってない？

あなたは大丈夫？

- □椅子に座るとすぐ脚を組む
- □いつもぺたんこ靴を履いている
- □ついシャワーで済ませがち
- □着圧ソックスに頼っている
- □歩くときにひざが曲がっている
- □薄着や冷たい飲み物などでおなかを冷やしている
- □やみくもにマッサージしている
- □姿見を見る習慣がない

01

念願の…脚と脚の間に
すきまができる!

太ももを細くする

1セット
2分

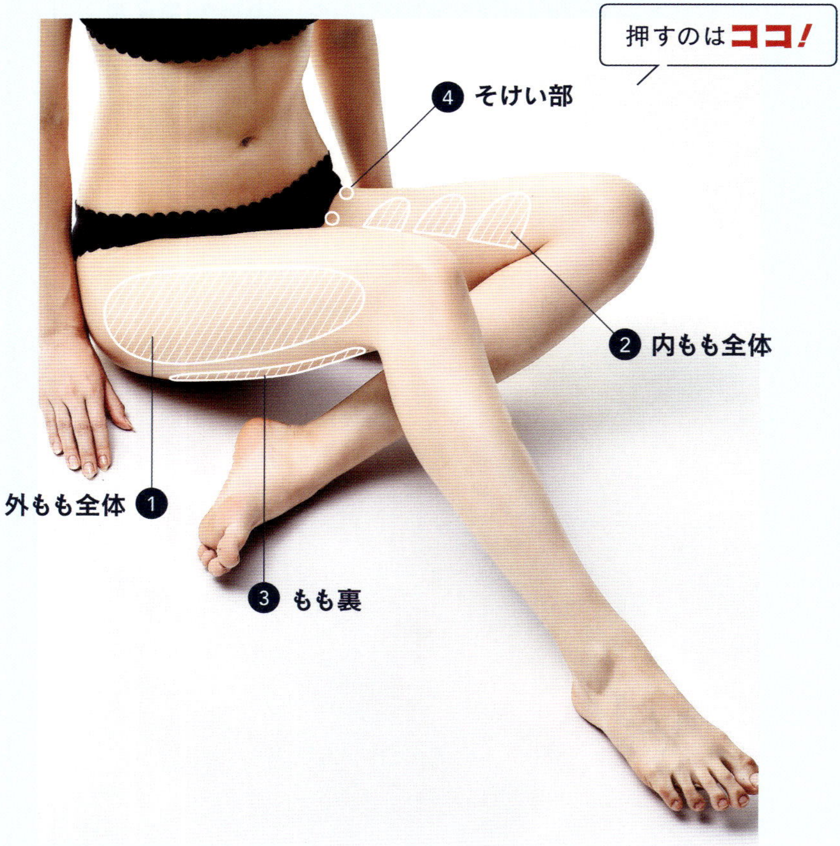
押すのはココ!
4 そけい部
2 内もも全体
外もも全体 1
3 もも裏

how to PUSH! 押し方

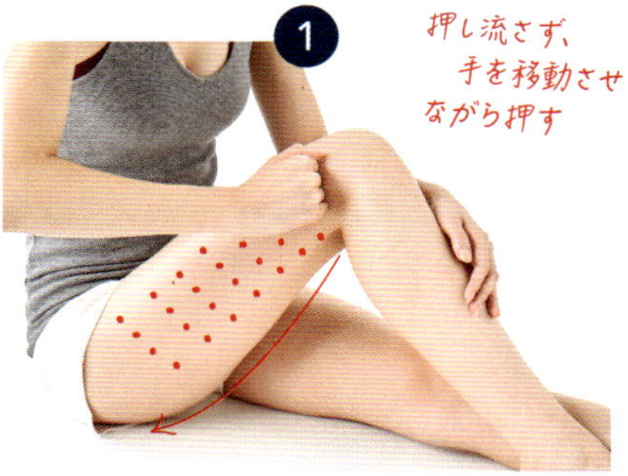
1
押し流さず、
手を移動させ
ながら押す

外もも全体を押す

ひざを立てて座り、太もも外側を**第二関節押し**で下から上に押し動かします。

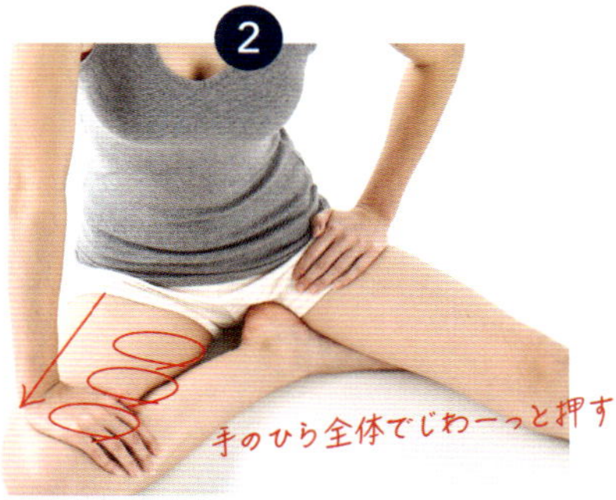
2
手のひら全体でじわーっと押す

内もも全体を押す

内ももは**手のひら押し**でまんべんなく押します。普段内ももの筋肉は使うことが少ないため、刺激することでメリハリができます。

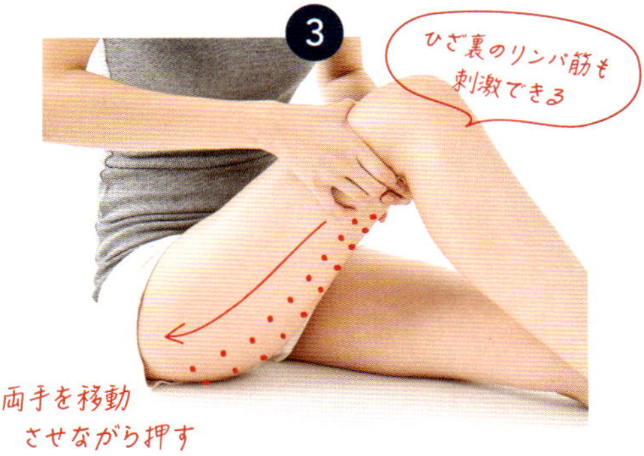
3
ひざ裏のリンパ筋も
刺激できる
両手を移動
させながら押す

太ももの裏側を押す

太ももを両手で包み込むようにし、**人差し指&中指、薬指押し**で太ももの裏を押します。ひざの裏を始点にしてお尻の境目まで押します。

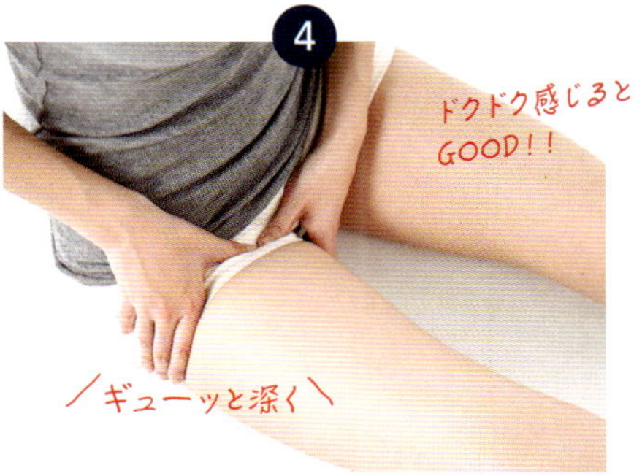
4
ドクドク感じると
GOOD!!
ギューッと深く

そけい部を押す

脚の付け根にあるそけい部を**親指押し**します。両手の指を密着させてリンパ節を開くように。反対側の脚も同様に。

02

ここの肉がなくなるだけでグッと美脚に！

ひざまわりの
もたつきをなくす

1セット 2分

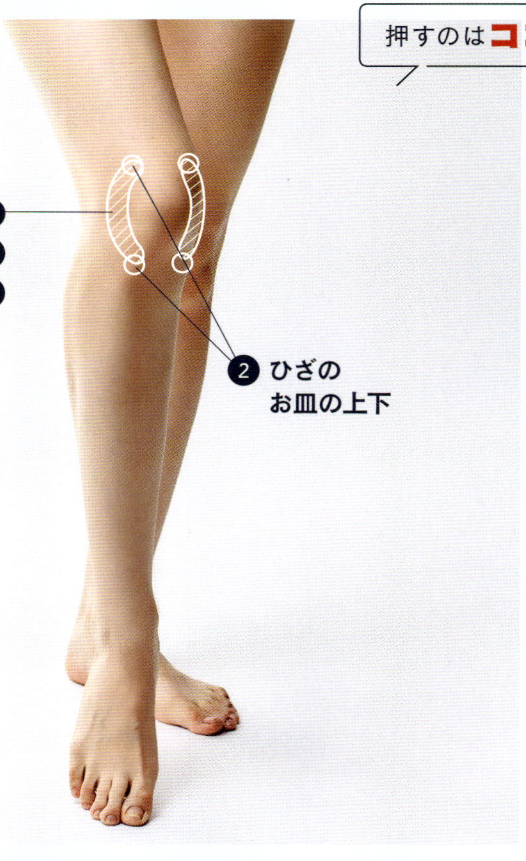

how to PUSH! 押し方

1

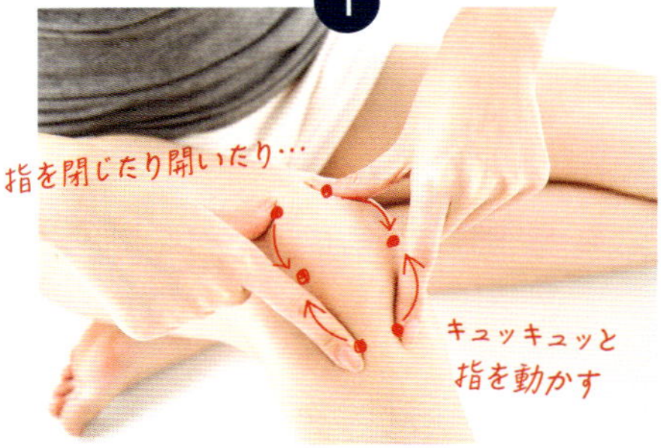
指を閉じたり開いたり…
キュッキュッと
指を動かす

ひざの骨のまわりを押す

親指＆人差し指押しでひざの骨に沿って下から上に向って押します。

2

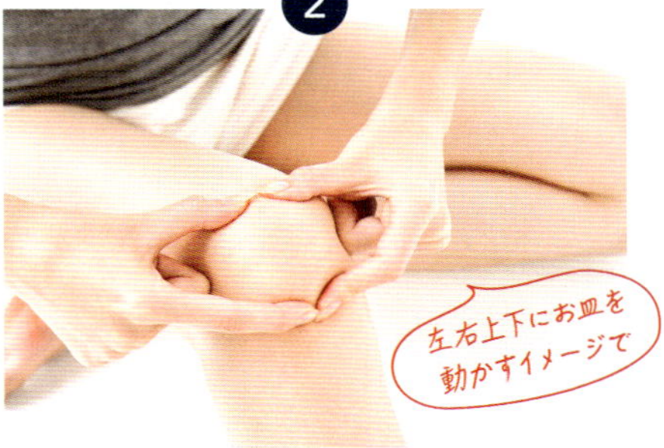
左右上下にお皿を
動かすイメージで

ひざの皿を上下左右に動かすように押す

親指はひざの上、人差し指はひざの下に置き、上下・左右に押しながら動かします。ひざ関節を動きやすくすると、腰痛予防にも！

3

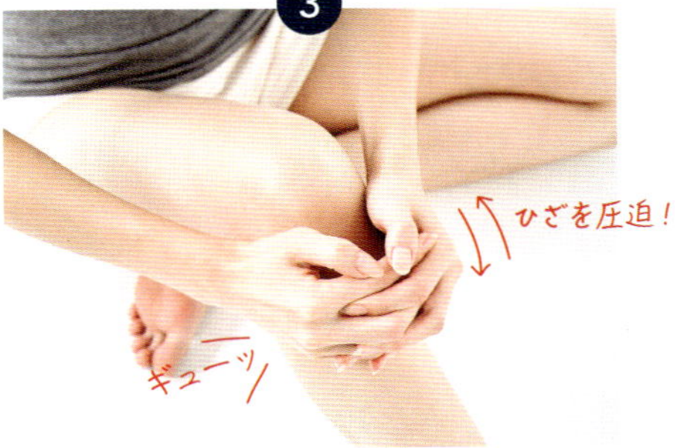
ひざを圧迫！
ギューッ

ひざの骨を押す

両手のひらでひざの骨を包み、左右から押します。血行促進もできるので太ももも細くなります。

4

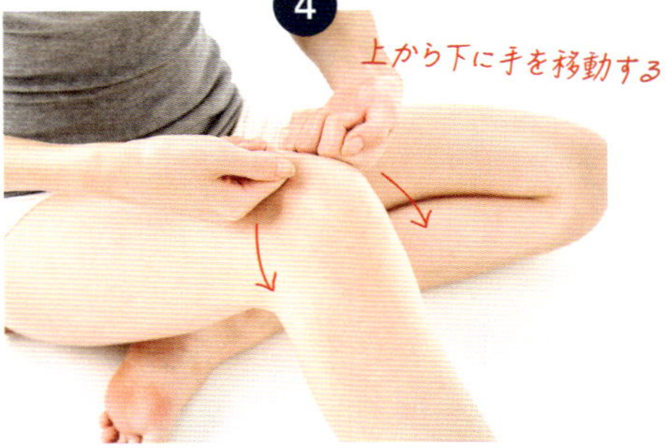
上から下に手を移動する

ひざのまわりを押す

ひざのまわりを**第二関節押し**をしながらひざの裏の方へ押し流します。反対側の脚も同様に。

03

そう、ひざ下って、伸ばせるんです

ひざの下を長くする

1セット 3分

押すのは**ココ!**

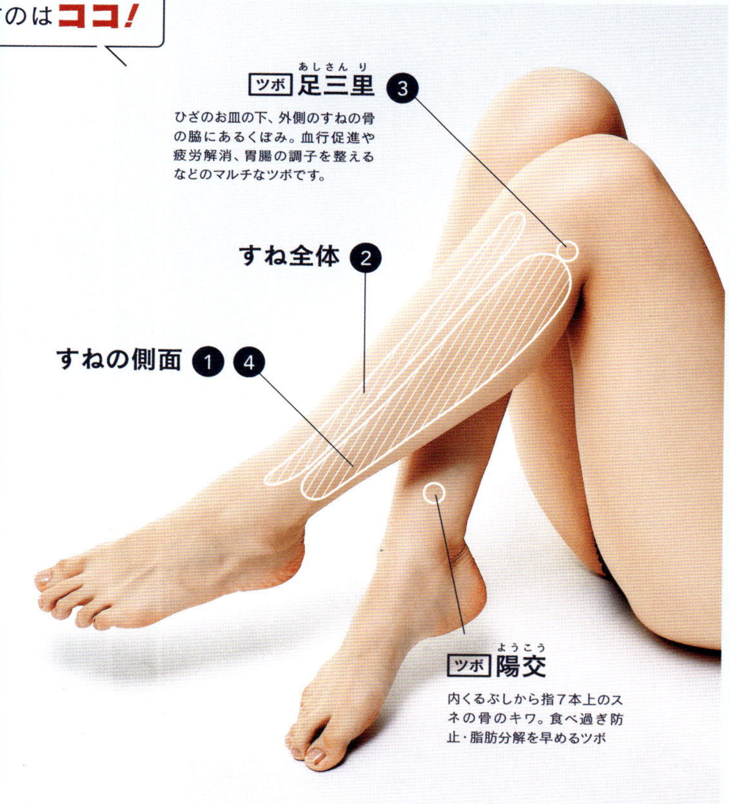
ツボ 足三里《あしさんり》 3
ひざのお皿の下、外側のすねの骨の脇にあるくぼみ。血行促進や疲労解消、胃腸の調子を整えるなどのマルチなツボです。
すね全体 2
すねの側面 1 4
ツボ 陽交《ようこう》
内くるぶしから指7本上のスネの骨のキワ。食べ過ぎ防止・脂肪分解を早めるツボ

how to PUSH! 押し方

1

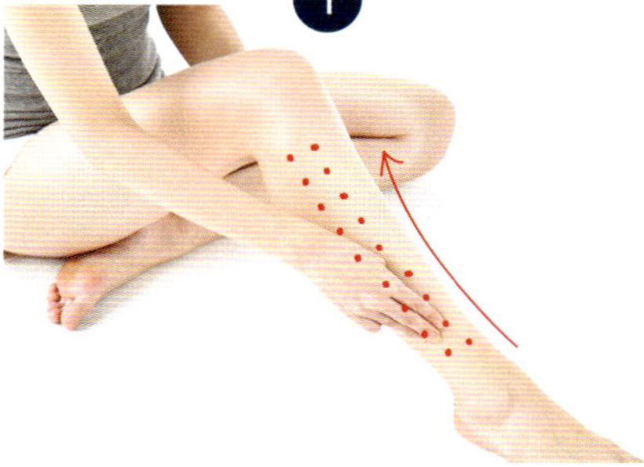

脚のすねを押す

ひざを立てて座り、脚の外側のすねの骨のキワに沿って、**人差し指&中指、薬指押し**します。

2

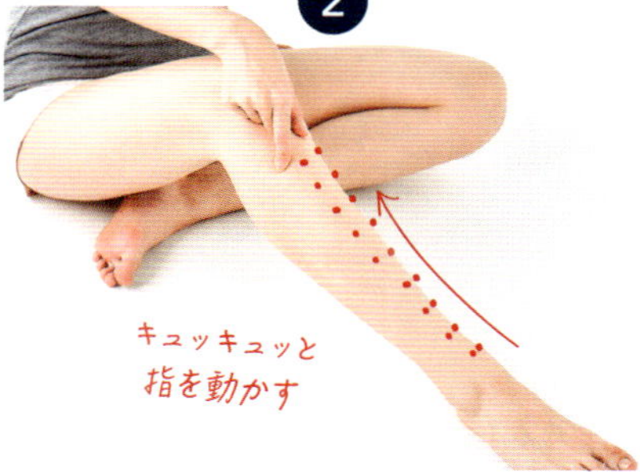
キュッキュッと
指を動かす

脚のすねの骨のキワを押し流す

脚のすねの骨のキワを**親指&人差し指押し**で挟み、押し流します。すねの骨の外側に沿っている「胃の経絡」を刺激。

3

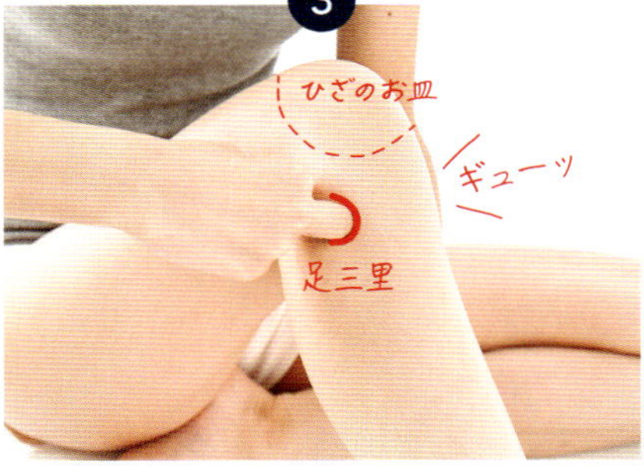
ひざのお皿
ギューッ
足三里

足三里を押す

ひざのお皿の下、外側のすねの骨の脇にある足三里を**中指カギ押し**でぐーっと押します。指を引っ掛けるようにして上下に動かしましょう。

4

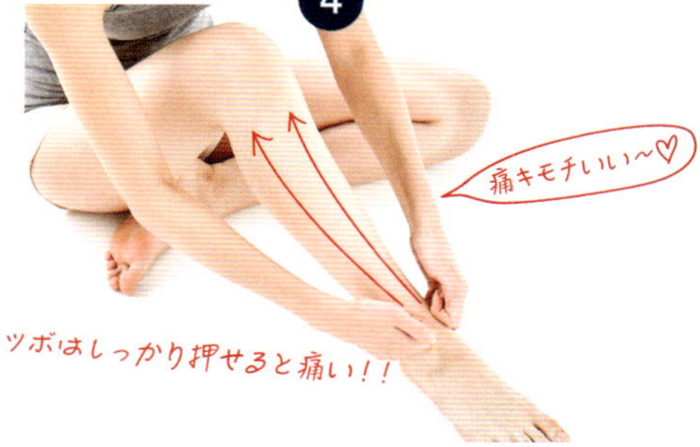
痛キモチいい〜♡
ツボはしっかり押せると痛い！！

脚のすねを挟み押す

脚のすねを両手で挟み、**第二関節押し**しながら下から上に押し流します。脚の内側、すねのキワにある陽交を押すように。反対側の脚も同様に。

04

後ろ姿の美人度がグッと倍増！

華奢《きゃしゃ》な足首を作る

1セット 3分

押すのは**ココ！**

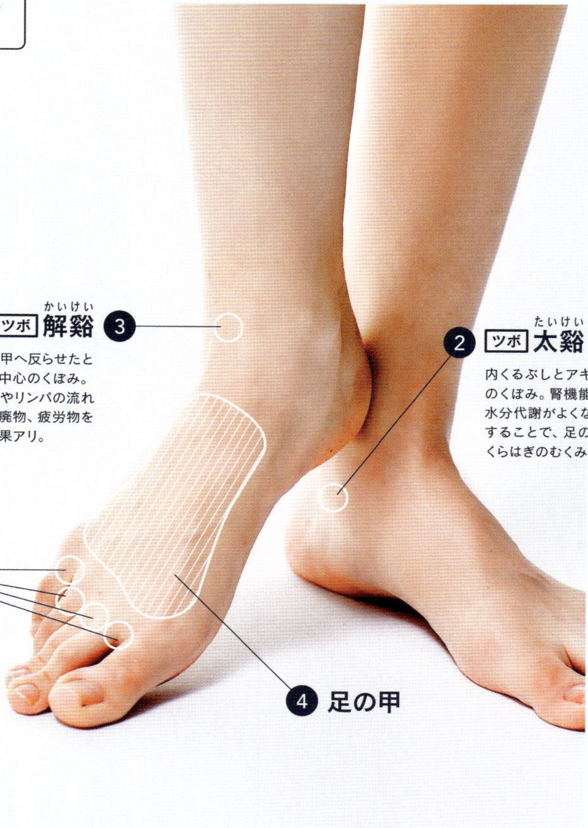

1 足の指の間

2 ツボ 太谿《たいけい》

内くるぶしとアキレス腱の間のくぼみ。腎機能を調整し、水分代謝がよくなり血流改善することで、足の冷え症やふくらはぎのむくみに効果的。

3 ツボ 解谿《かいけい》

足首を足の甲へ反らせたときにできる中心のくぼみ。足首の血液やリンパの流れを促進。老廃物、疲労物を排出する効果アリ。

4 足の甲

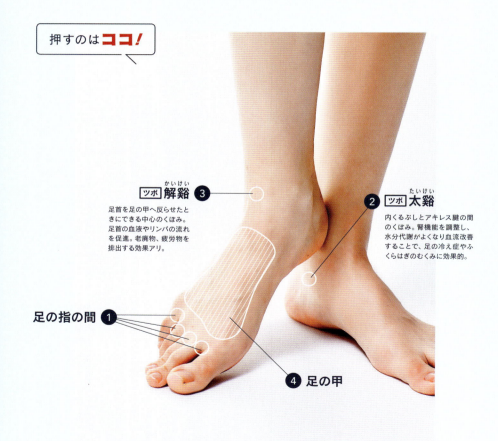

how to PUSH! 押し方

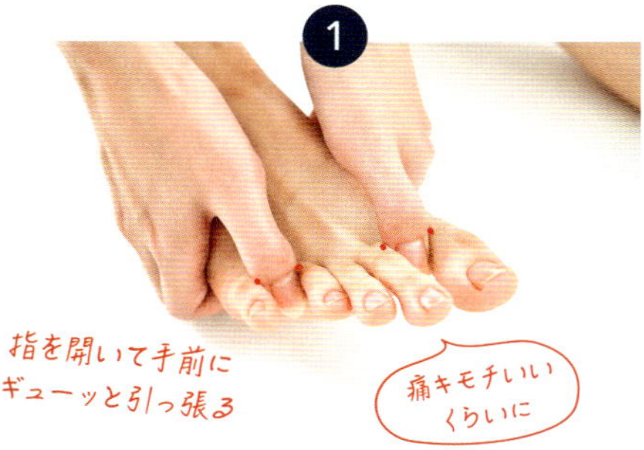
1
指を開いて手前に
ギューッと引っ張る
痛キモチいい
くらいに

足の指の間を押す

ひざを立てて座り、足の指の間を**親指押し**で押します。手前に引っ張るようにするとより深く押すことができます。

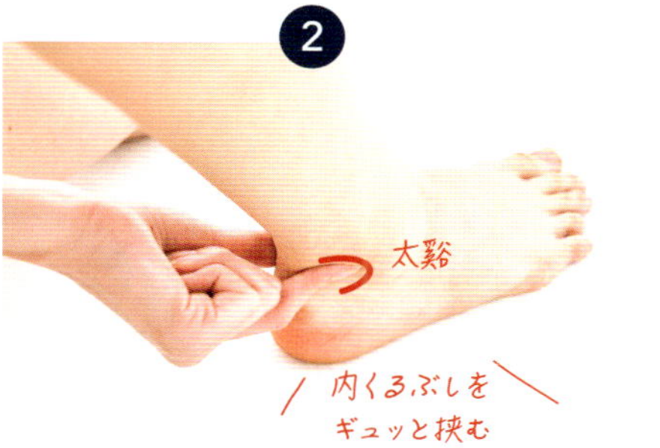
2
太谿
内くるぶしを
ギュッと挟む

太谿《たいけい》を押す

親指＆人差しで外くるぶしとアキレス腱の中間のくぼんでいるところと太谿を挟み、ゆっくり、しっかり**親指＆人差し指押し**します。

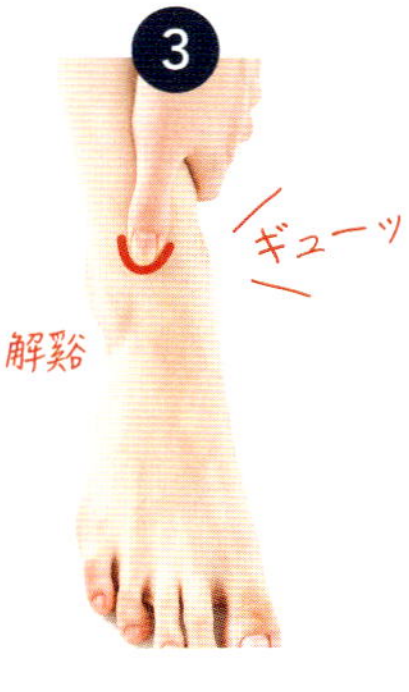
3
ギューッ
解谿

解谿《かいけい》を押す

親指押しで足首の中心のくぼみにある解谿をゆっくり、しっかり押します。

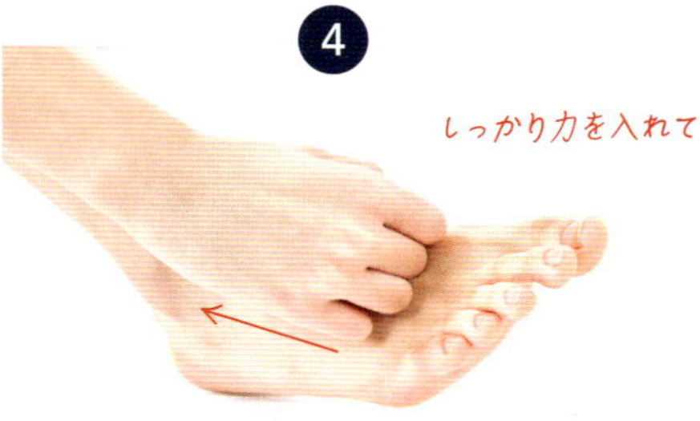
4
しっかり力を入れて

足の甲を押す

第二関節押しで足の甲をまんべんなく押し流します。反対側の足も同様に。

＃05

おばあちゃんみたいなお尻よ、サヨナラ！

四角いお尻を丸くする

1セット 2分

押すのは**ココ！**

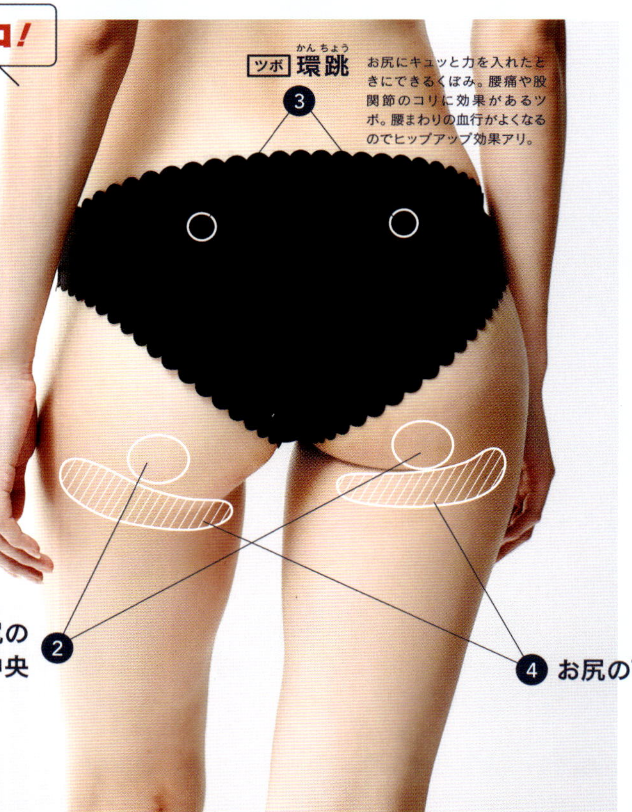
ツボ 環跳《かんちょう》
お尻にキュッと力を入れたときにできるくぼみ。腰痛や股関節のコリに効果があるツボ。腰まわりの血行がよくなるのでヒップアップ効果アリ。
3
2 お尻の横ジワの中央
4 お尻の下

how to PUSH! 押し方

1
足を
肩幅に開く

スタンバイ

足を肩幅に開き、立ちます。

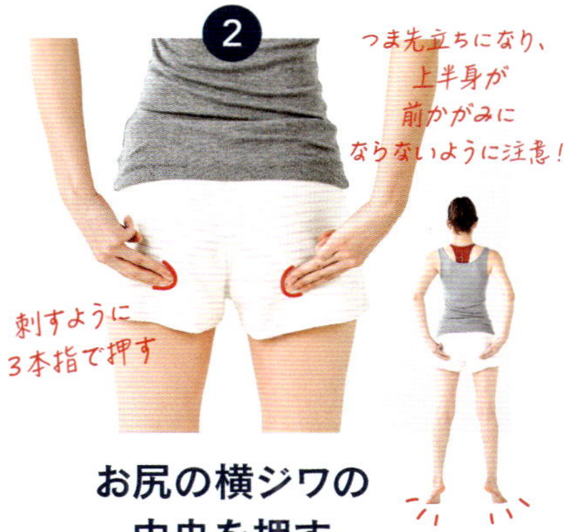
2
つま先立ちになり、
上半身が
前かがみに
ならないように注意！
刺すように
3本指で押す

お尻の横ジワの中央を押す

お尻の横ジワの中央を**人差し指＆中指、薬指押し**しながら、かかとを上げます。おなかに力を入れて3〜5秒キープします。

3
ギューッ
ギューッ

環跳《かんちょう》を押す

環跳を**親指押し**でグ〜ッと強めに押します。

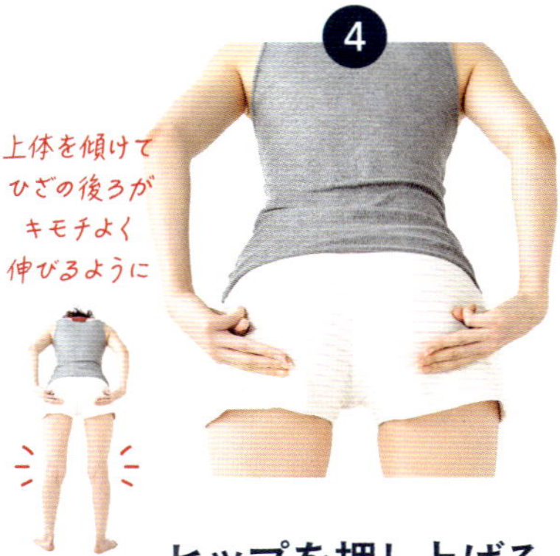
4
上体を傾けて
ひざの後ろが
キモチよく
伸びるように

ヒップを押し上げる

上半身を前に倒し、そのままお尻の下に手を置き、**人差し指＆中指、薬指押し**の3本で真上に押し上げます。

#06

女性の永遠の憧れが
カンタンに手に入る！
まっすぐな脚になる

1セット
1分

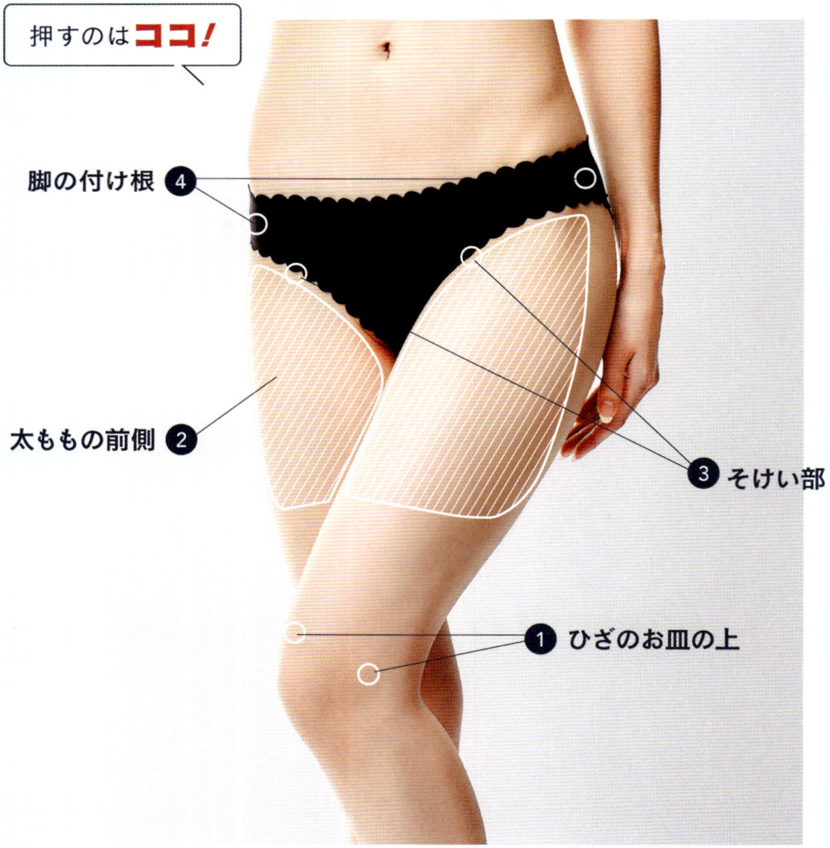
押すのはココ！
脚の付け根 4
太ももの前側 2
3 そけい部
1 ひざのお皿の上

how to PUSH!　押し方

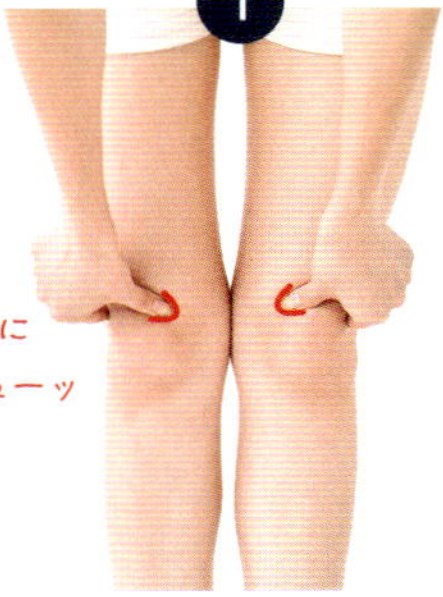
1
かかとを床に
つけたままギューッ

ひざの上を押す

かかとをつけ、つま先を少し開きます。上半身を前に倒し、ひざの上に親指と人差し指を置き、**親指＆人差し指押し**をします。

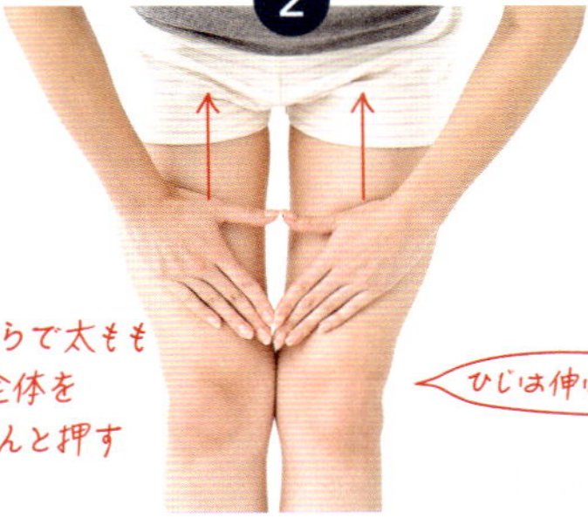
2
手のひらで太もも
全体を
じーんと押す
ひじは伸ばして

太ももをストレッチ

太ももの前側に手のひらを密着させ、**手のひら押し**で脚の後ろ側をしっかりストレッチします（脚の付け根まで手のひらをズラして）。

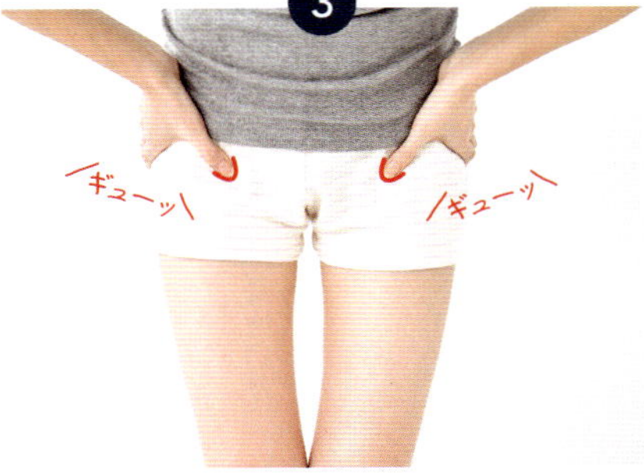
3
ギューッ
ギューッ

そけい部を押す

脚の付け根に親指の腹をあて、そけい部を刺激します。

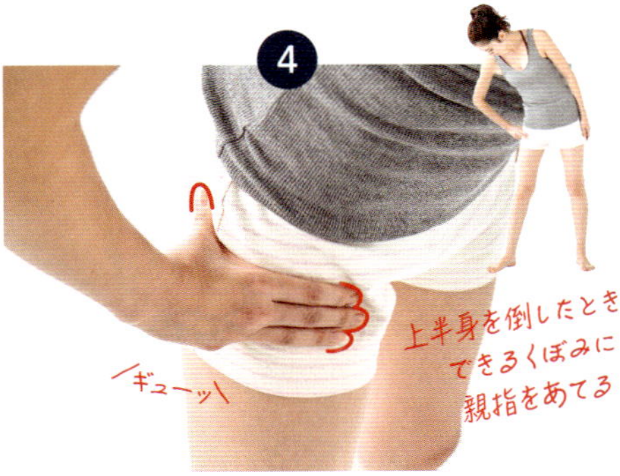
4
上半身を倒したときに
できるくぼみに
親指をあてる
ギューッ

脚の付け根のくぼみを押す

右脚を一歩横に出し、上半身を右に倒したときにできるくぼみに親指をあて押します。**人差し指＆中指、薬指押し**でグッと挟み押します。左脚も同様に。

07

「あれ、ヤセた?」と必ず言われます

ふくらはぎを薄く細くする

1セット 2分

押すのはココ!

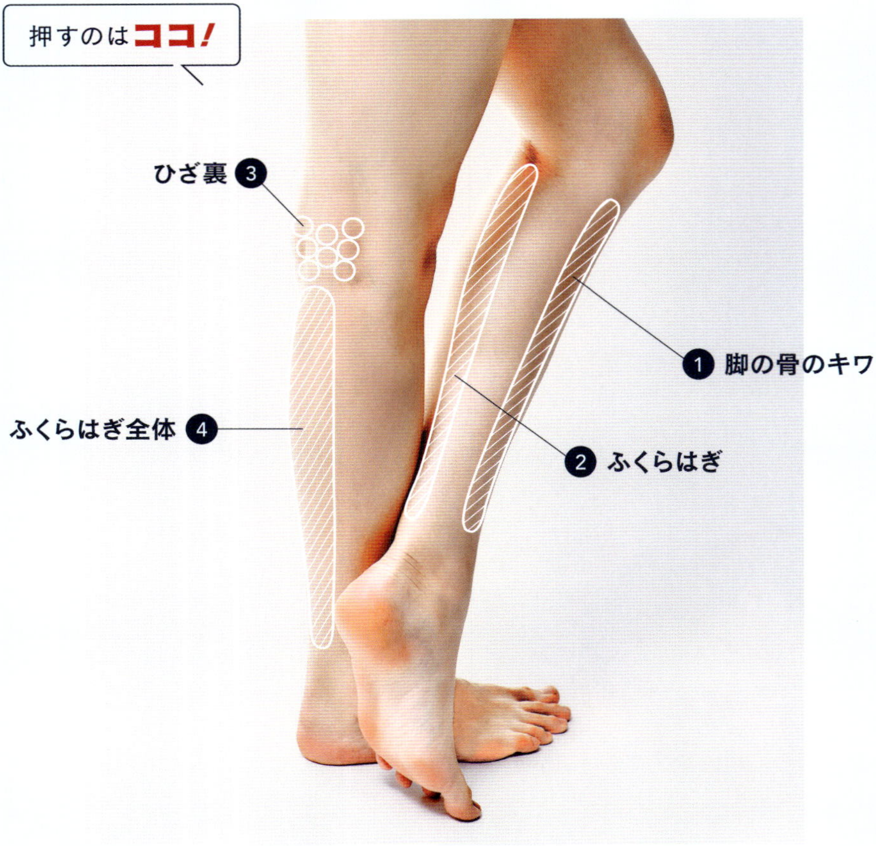

how to PUSH!　押し方

1

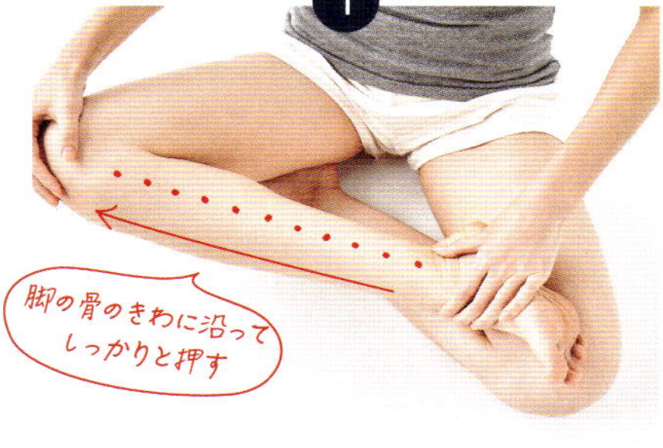
脚の骨のきわに沿って
しっかりと押す

脚の骨のキワを押す

脚の内側のくるぶしからひざの内側にかけて、骨のキワを**親指押し**でしっかり押していきます。骨に沿ってゆっくり圧をかけます。

2

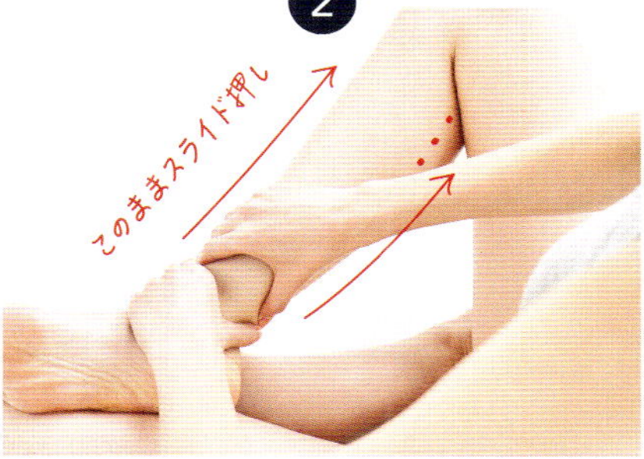
このままスライド押し

ふくらはぎを押す

親指押しでふくらはぎをしっかり押します。

3

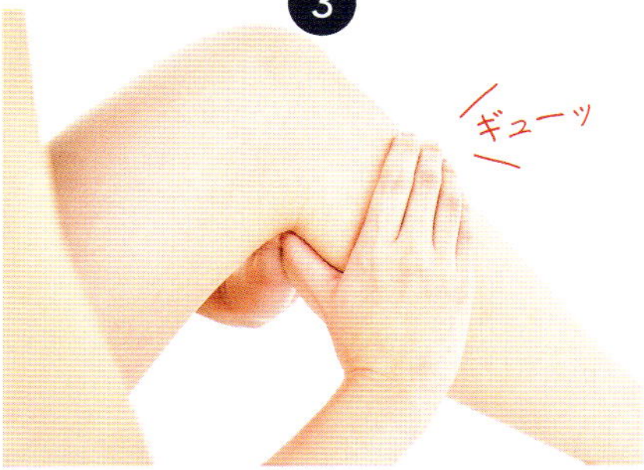
ギューッ

ひざの裏を押す

ひざの裏を**両手親指押し**でしっかり刺激します。ひざの裏にはリンパ節があるのでしっかりと。

4

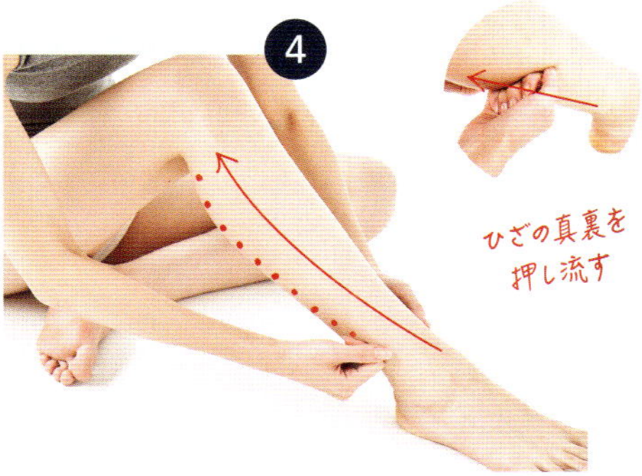
ひざの真裏を
押し流す

ふくらはぎ全体を押し流す

第二関節押しでふくらはぎ全体をひざ裏まで押し流します。反対側の脚も同様に。

08

体重は変わらなくても
ふたまわりは細くなる！

脚のむくみを取る

1セット 2分

押すのはココ！

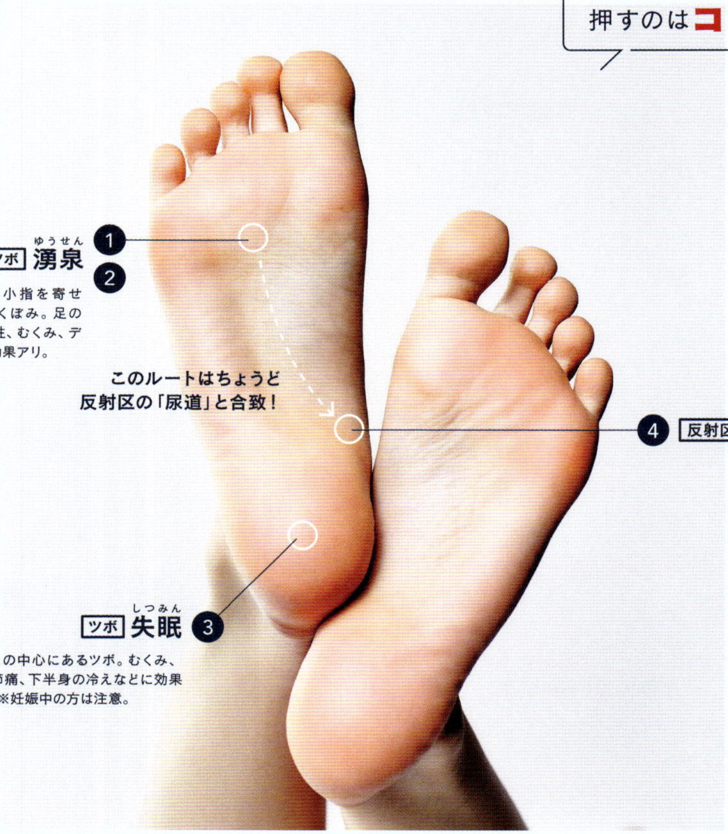

1
2
ツボ 湧泉《ゆうせん》
このルートはちょうど
反射区の「尿道」と合致！
4 反射区 膀胱
ツボ 失眠《しつみん》 3

ツボ 湧泉《ゆうせん》

足の親指と小指を寄せるとできるくぼみ。足の疲れ、冷え性、むくみ、デトックスに効果アリ。

ツボ 失眠《しつみん》

かかとの中心にあるツボ。むくみ、股関節痛、下半身の冷えなどに効果アリ。※妊娠中の方は注意。

how to PUSH! 押し方

1

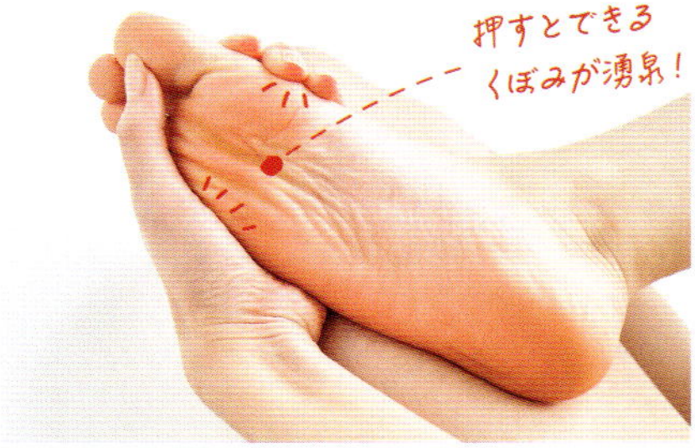
押すとできる
くぼみが湧泉!

湧泉《ゆうせん》を探す

足の親指と小指を中心に寄せたときにできるくぼみの湧泉を確認します。

2

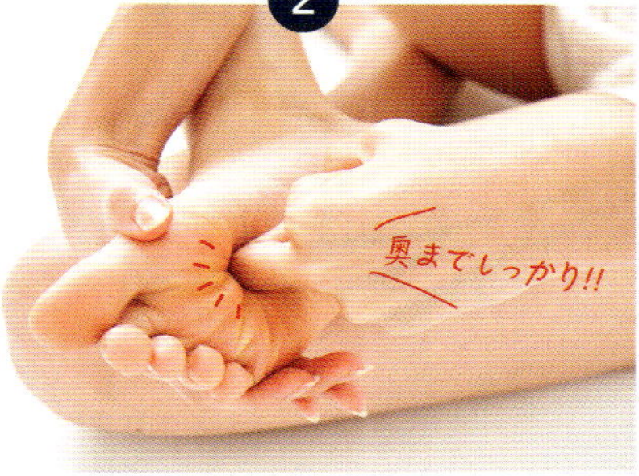
奥までしっかり!!

湧泉を押す

湧泉を**中指カギ押し**で押します。

3

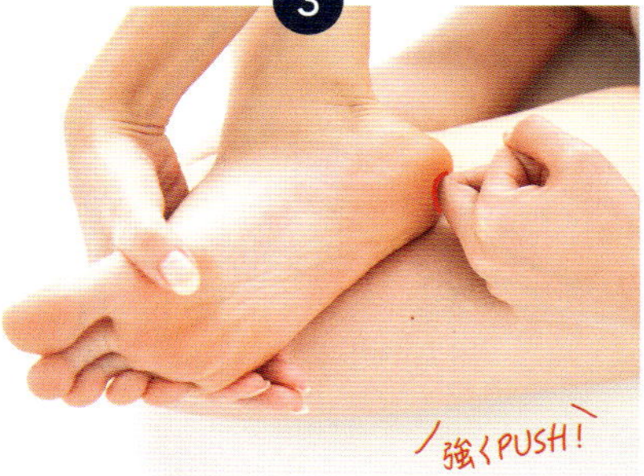
強くPUSH!

失眠《しつみん》を押す

中指カギ押しで失眠を押します。

4

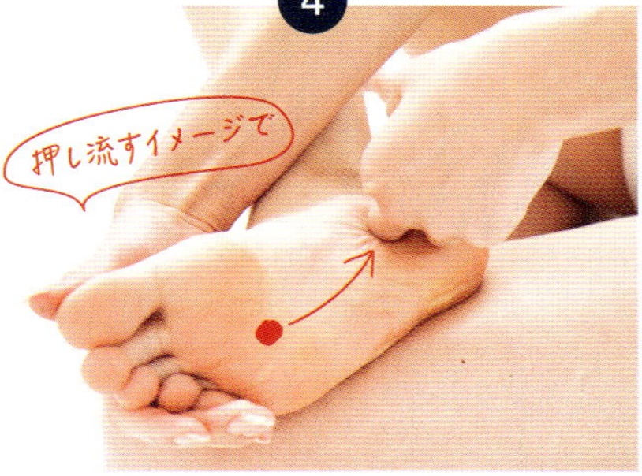
押し流すイメージで

湧泉→膀胱へ押し流す

湧泉から膀胱の反射区のあるかかとの内側に向けて、**中指カギ押し**で押し流します。反対側の足も同様に。

#09

意外と多い、後ろ姿ブスから脱却！

美しい後ろ姿になる

1セット 2分

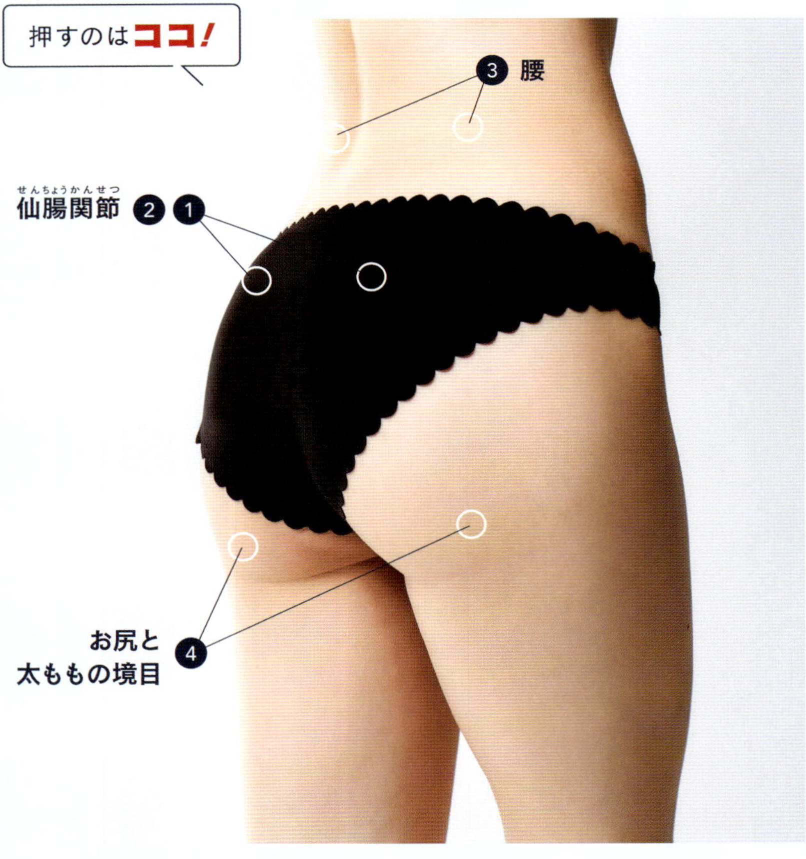

how to PUSH! 押し方

1

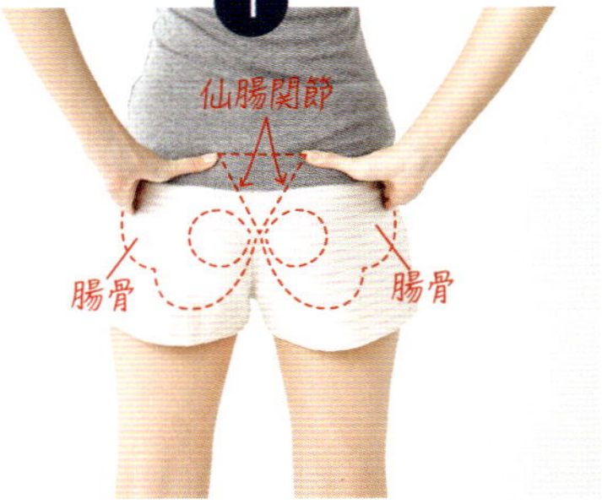

仙腸関節
腸骨
腸骨

仙腸関節《せんちょうかんせつ》を押す

脚を肩幅に開き、お尻の中心の左右斜め45度上（仙腸関節）を**親指押し**します。

2

押したまま
腰を上下に
フリフリ♪

お尻を左右に振る

❶のまま**親指押し**をしながらお尻を左右･上下に大きく振ります。

3

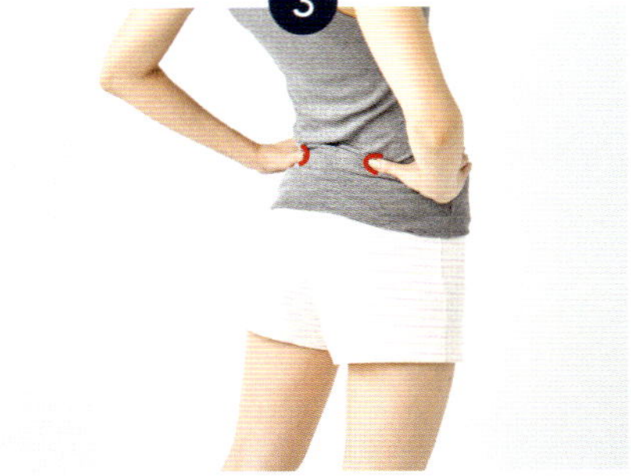

腰を押しながら上半身を倒す

ウエストの一番くびれている部分のやや後ろを**親指押し**をしたまま、上半身を後ろに倒します。

4

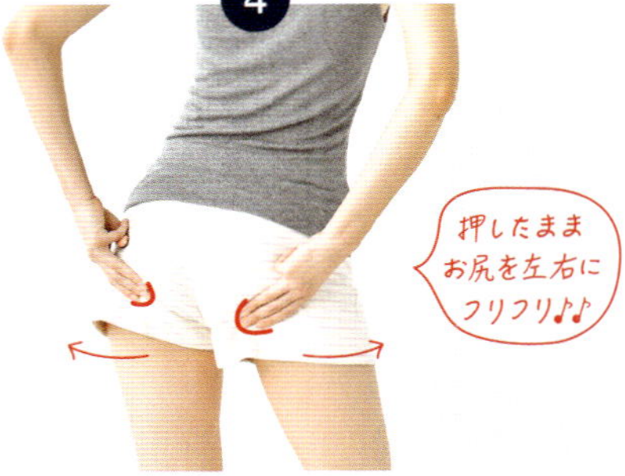

押したまま
お尻を左右に
フリフリ♪♪

お尻を持ち上げながらお尻を左右に振る

お尻と太ももの境目に指を置き、**親指&人差し指押し**でお尻を持ち上げながらお尻を左右に大きく振ります。

10

足の重要性を知り、ヤセ力をつけよう
足の機能性を高める

1セット 3分

押すのはココ!

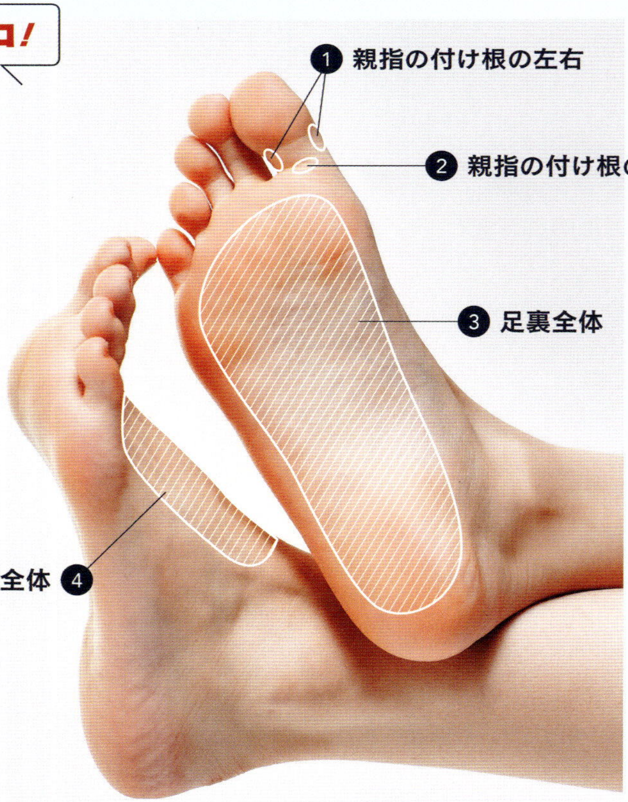

how to PUSH!　押し方

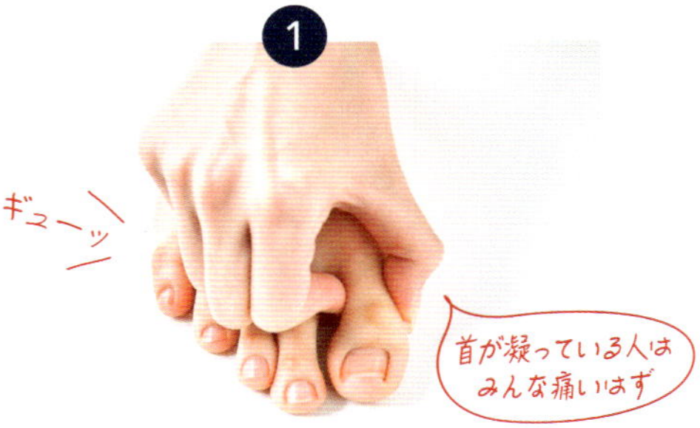
1
ギューッ
首が凝っている人は
みんな痛いはず

親指の付け根の左右を挟み押す

親指＆人差し指で足の指を左右から挟み、**親指＆人差し指押し**をします。全ての指をしっかり刺激しましょう。

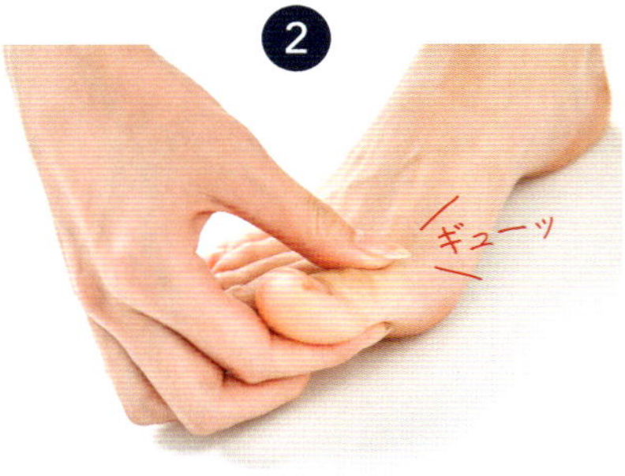
2
ギューッ

親指の付け根の前後を挟み押す

親指＆人差し指で足の指を前後で挟み、**親指＆人差し指押し**をします。全ての指をしっかり刺激しましょう。

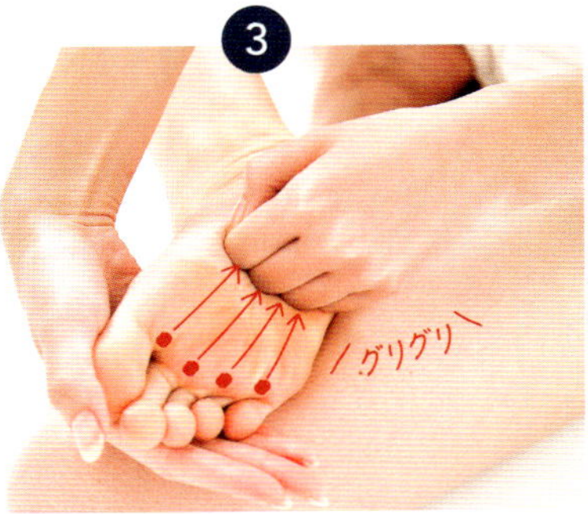
3
グリグリ

足の裏全体を押し流す

第二関節押しで足の裏全体を押し、しっかり押したら足の指の付け根からかかとに向かって押し流します。

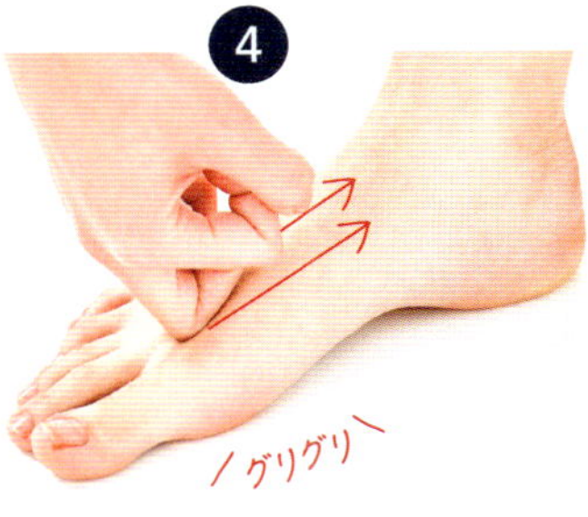
4
グリグリ

足の甲全体を押し流す

足の甲の指と指の骨の間を**中指カギ押し**で押し流します。押しながら骨の間にある老廃物をかき出すようにします。反対側の足も同様に。

足の反射区を知っていると本当に便利です

右足の裏

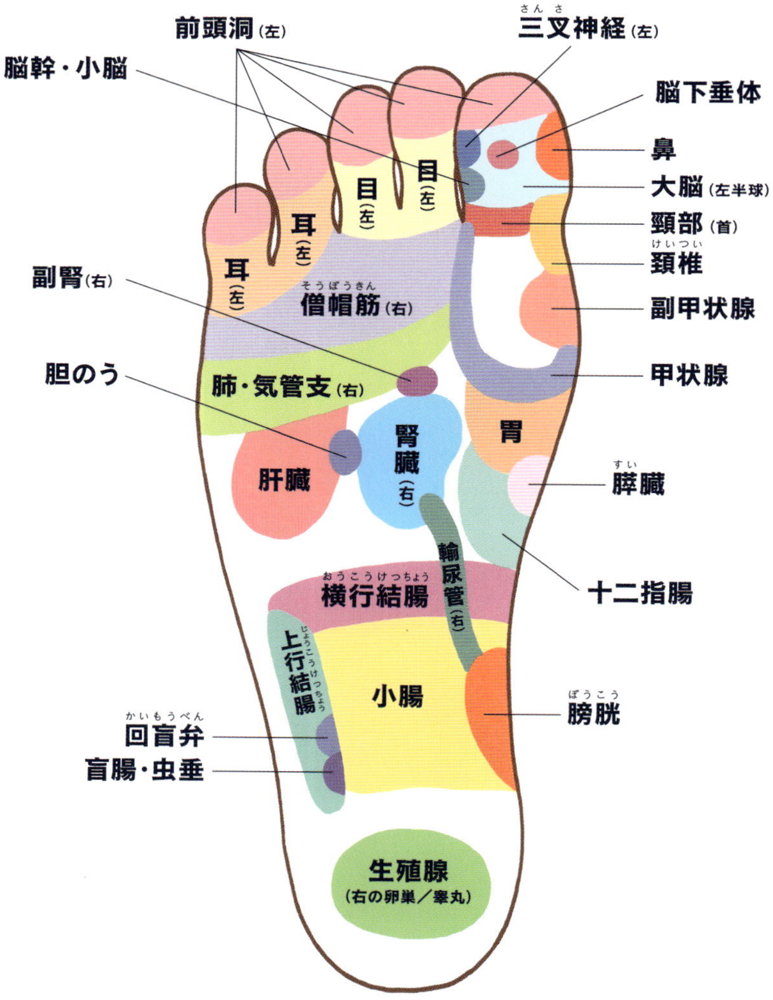
前頭洞（左）
脳幹・小脳
三叉《さんさ》神経（左）
脳下垂体
鼻
大脳（左半球）
頸部（首）
頸椎《けいつい》
副甲状腺
甲状腺
副腎（右）
胆のう
耳（左）
耳（左）
目（左）
目（左）
僧帽筋《そうぼうきん》（右）
肺・気管支（右）
肝臓
腎臓（右）
胃
膵《すい》臓
十二指腸
輸尿管（右）
横行結腸《おうこうけつちょう》
上行結腸《じょうこうけっちょう》
小腸
膀胱《ぼうこう》
回盲弁《かいもうべん》
盲腸・虫垂
生殖腺
（右の卵巣／睾丸）

足裏には約６０箇所の反射区があり、体の不調があると硬くなったり、
押すと痛みがあります。反射区はゾーンへの刺激のため、捉えやすいので
セルフケアにオススメです。足裏の筋肉へのアプローチができます。

左足の裏

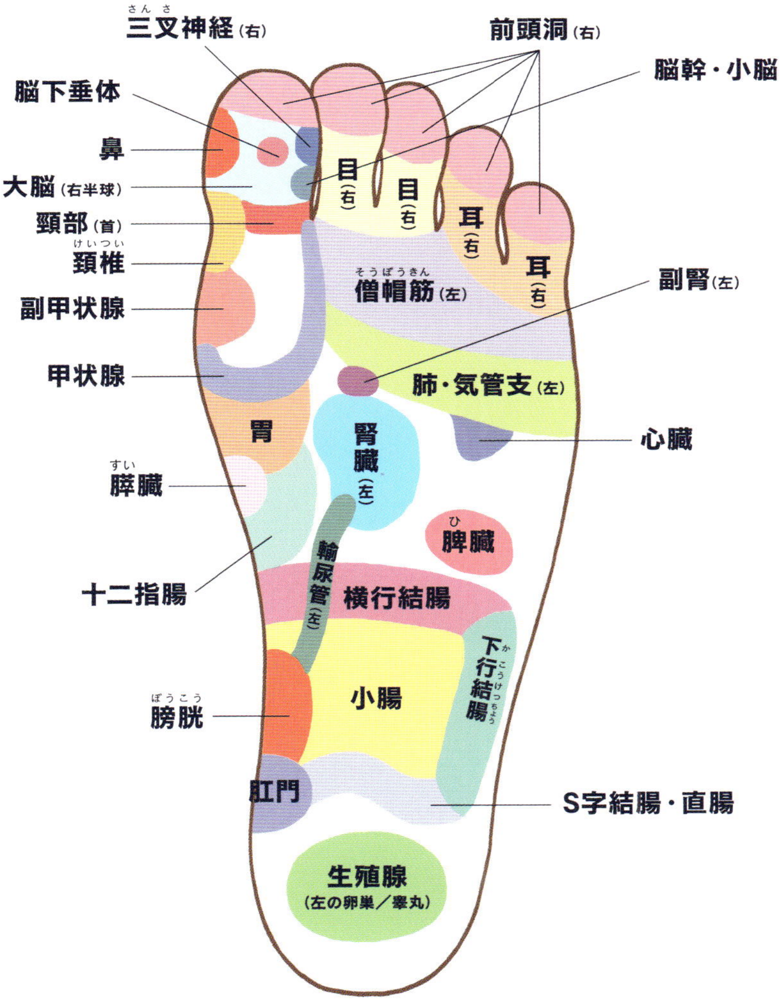

三叉《さんさ》神経（右）
前頭洞（右）
脳下垂体
脳幹・小脳
鼻
目（右）
目（右）
大脳（右半球）
耳（右）
耳（右）
頸部（首）
頸椎《けいつい》
僧帽筋《そうぼうきん》（左）
副腎（左）
副甲状腺
甲状腺
肺・気管支（左）
心臓
胃
腎臓（左）
膵《すい》臓
脾《ひ》臓
輸尿管（左）
十二指腸
横行結腸
下行結腸《かこうけっちょう》
小腸
膀胱《ぼうこう》
肛門
S字結腸・直腸
生殖腺
（左の卵巣／睾丸）

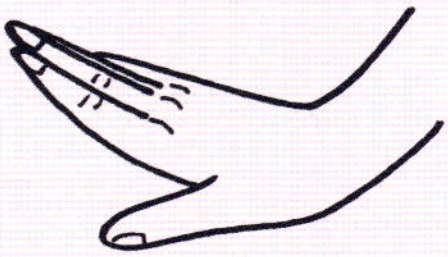

PART 3

Upper body

上半身を押しヤセ！

どうにかしたい上半身のパーツ別の悩み。気になる二の腕やがっつりと盛り上がった肩、背中の贅肉《ぜいにく》…丸みを帯びて、おデブに見えちゃっていますよ。余分な贅肉は削り落とし、ボディラインを整えましょう。目標はTシャツ美人！

11-20

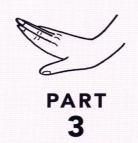

上半身の太りグセ、気づかないうちにやってない？

あなたは大丈夫？

- □ 猫背になっている
- □ カバンがいつも重い
- □ 肩こりを感じない、放置している
- □ 気がつくと肩に力が入っている
- □ 呼吸が浅い
- □ 姿勢が悪い
- □ サイズの合わないブラジャーをつけている
- □ 足首が硬い

11

いつでも脱げるカラダに！

ウエストにくびれを作る

1セット 2分

押すのは**ココ！**

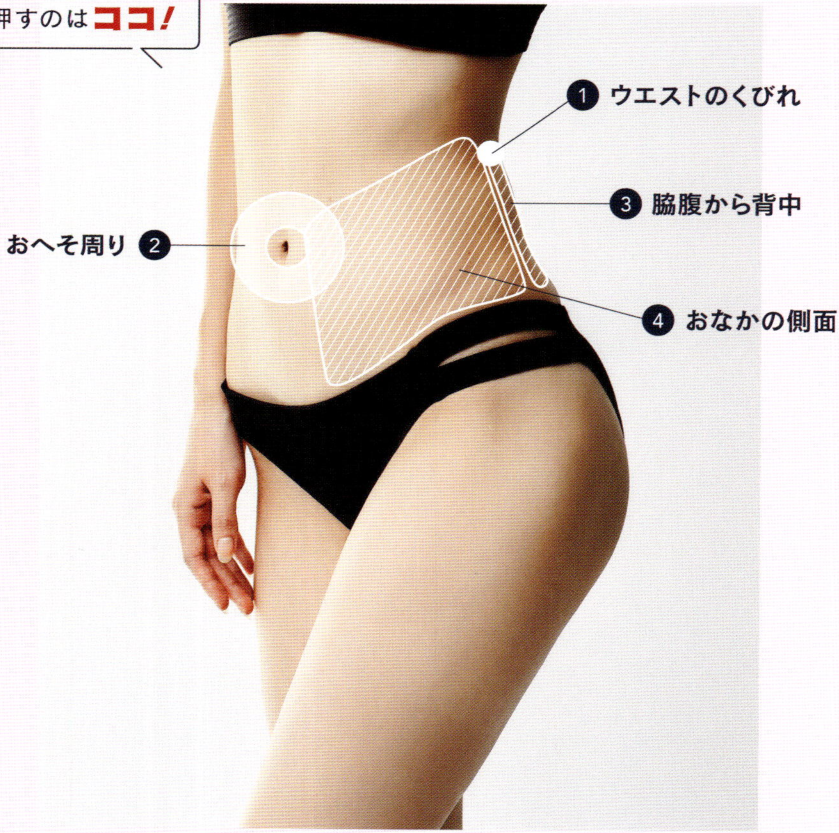

how to PUSH! 押し方

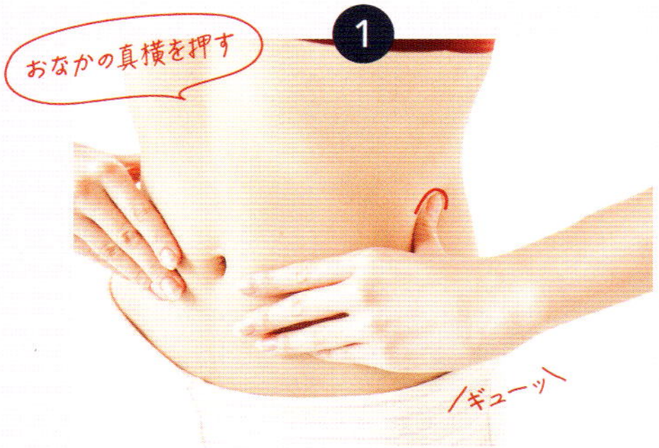
1
おなかの真横を押す
ギューッ

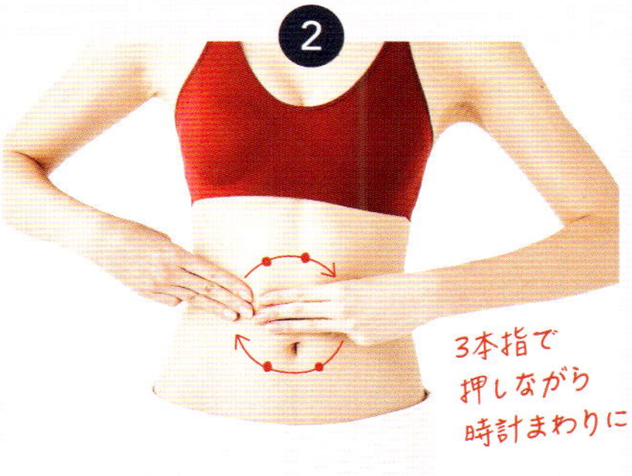
2
3本指で
押しながら
時計まわりに

ウエストのくびれを押す

ウエストの一番くびれている部分を**親指押し**する。筋肉に対し、垂直になるように押すのがポイント。

おへその周りを押す

おへそを中心に円を描くように**親指＆人差し指押し**で押す。おなか周りにはデトックスに効くツボが多数。またリンパ節もあります。

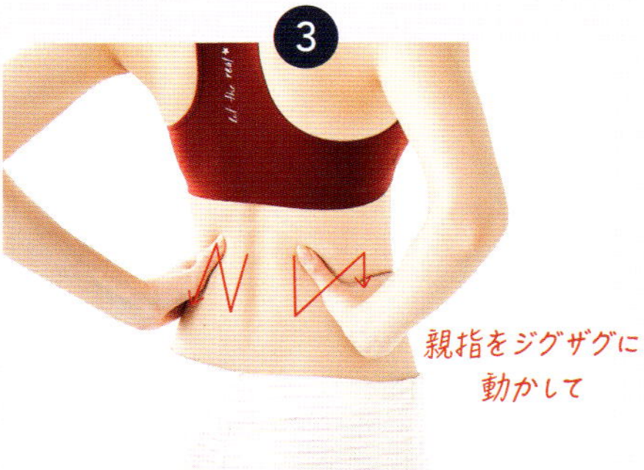
3
親指をジグザグに
動かして

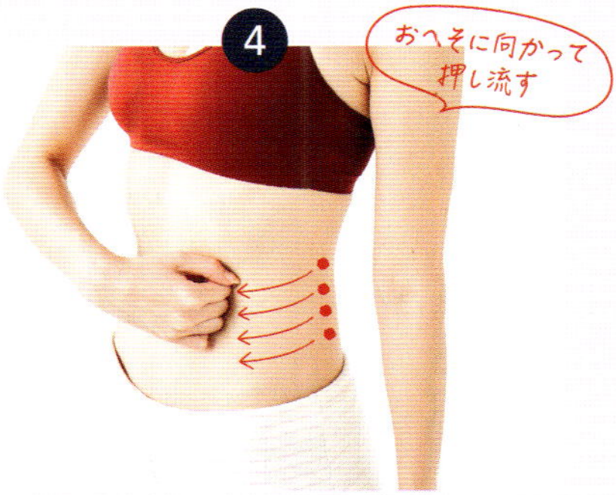
4
おへそに向かって
押し流す

脇腹から背中全体を押す

ウエストが一番くびれている部分に手を置き、背中全体を外側に向かって**親指押し**でジグザグに押していきます。

おなかの側面を押し流す

ウエストのくびれからおなかの中心に向かって**第二関節押し**でおなかの側面を押し流します。反対側のおなかの側面も同様に。

12

1セット　2分

憧れのぺったんこおなかに！

下っ腹を凹ませる

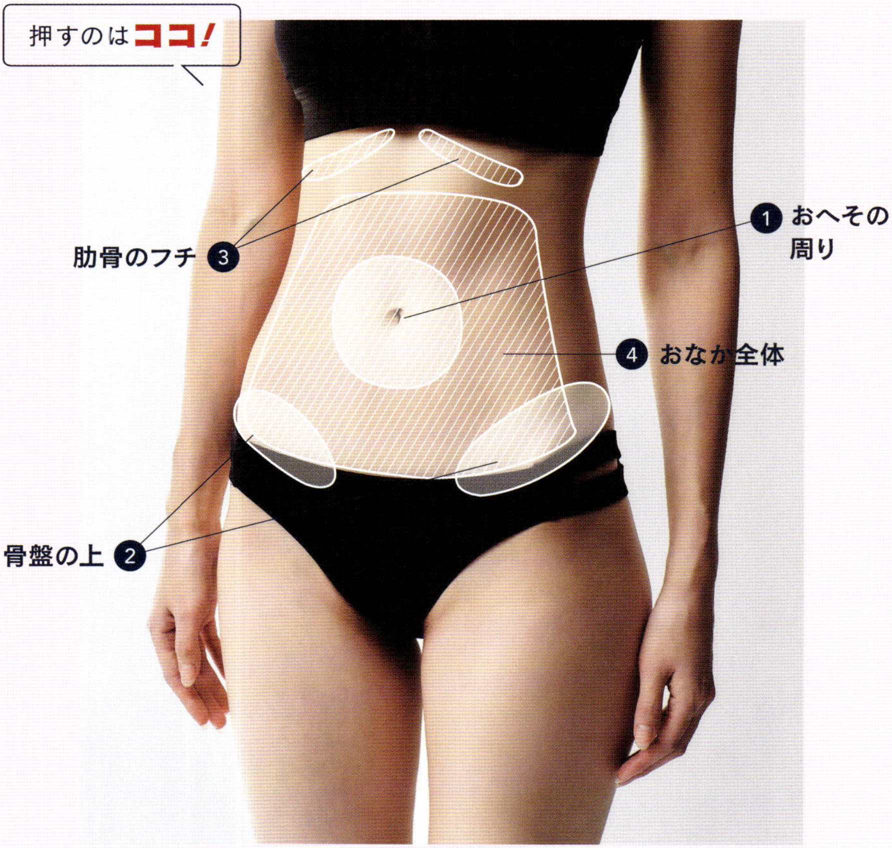

how to PUSH! 押し方

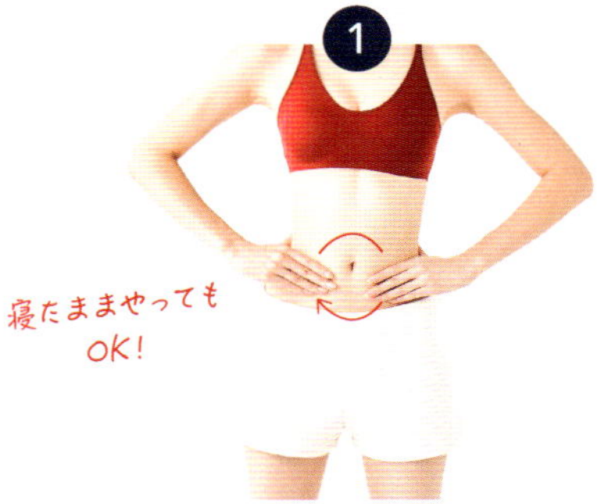

おへその周りを押す

おへその周りを**人差し指＆中指、薬指押し**で時計まわりに押し、刺激します。

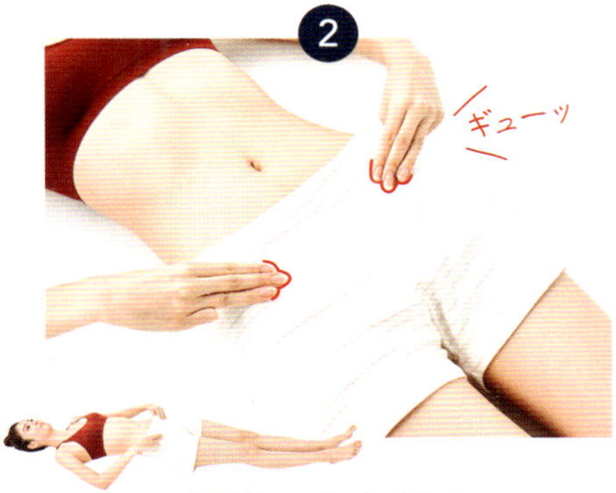

骨盤の上を押す

骨盤に沿って**人差し指＆中指、薬指押し**をします。

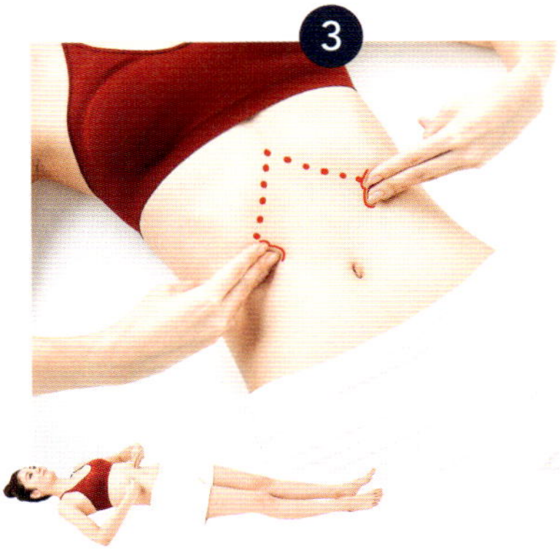

肋骨のキワを押す

肋骨のキワを**人差し指＆中指、薬指押し**します。

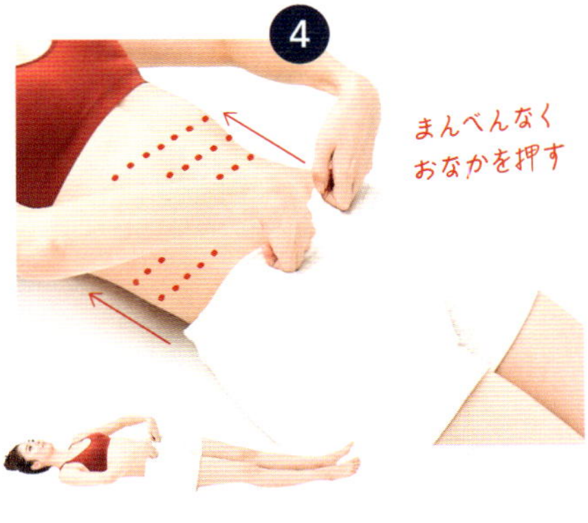

おなか全体を押す

おなか全体を**第二関節押し**しながら下腹から胸の方に向かってまんべんなく刺激します。

13

横からの姿が見違えます

二の腕をふたまわり細くする

1セット 2分

how to PUSH! 押し方

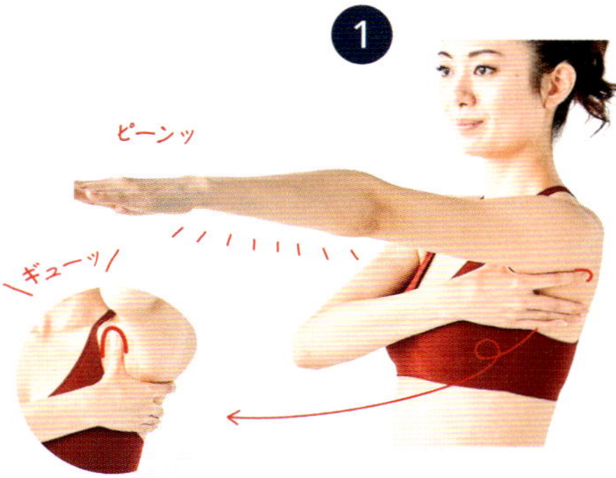
1
ピーンッ
\ギューッ/

脇の下を押す

腕を床と平行に上げ、脇を**親指&人差し指押し**で挟みながらしっかり押す。

2

二の腕の下全体を押す

二の腕の下全体を**第二関節押し**で押す。ひじから脇の下までていねいに押す。

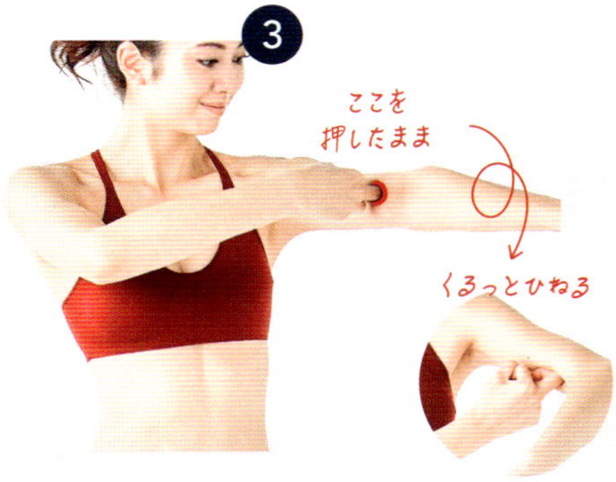
3
ここを
押したまま
くるっとひねる

ひじの裏を押し、ひねる

ひじの裏を**中指カギ押し**をし、腕を内側にひねります。腕をひねることで**中指カギ押し**がしっかり効きます。

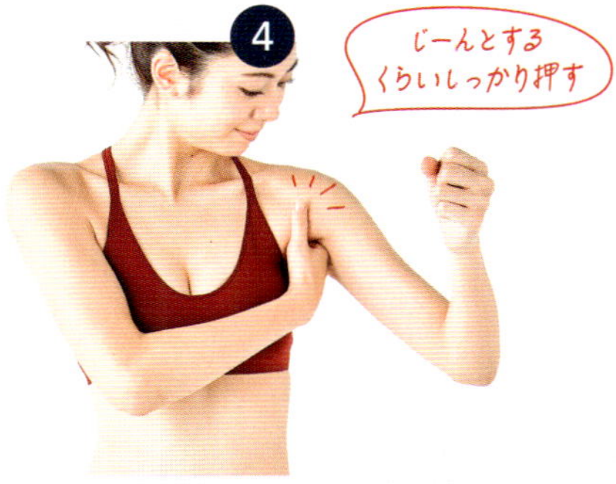
4
じーんとする
くらいしっかり押す

脇の下をこぶしで押す

脇の下にこぶしを入れ、**第二関節押し**をします。反対側の腕も同様に。

14

後ろ姿に自信のないあなたへ

背中の無駄肉を削ぎ落とす

1セット 2分

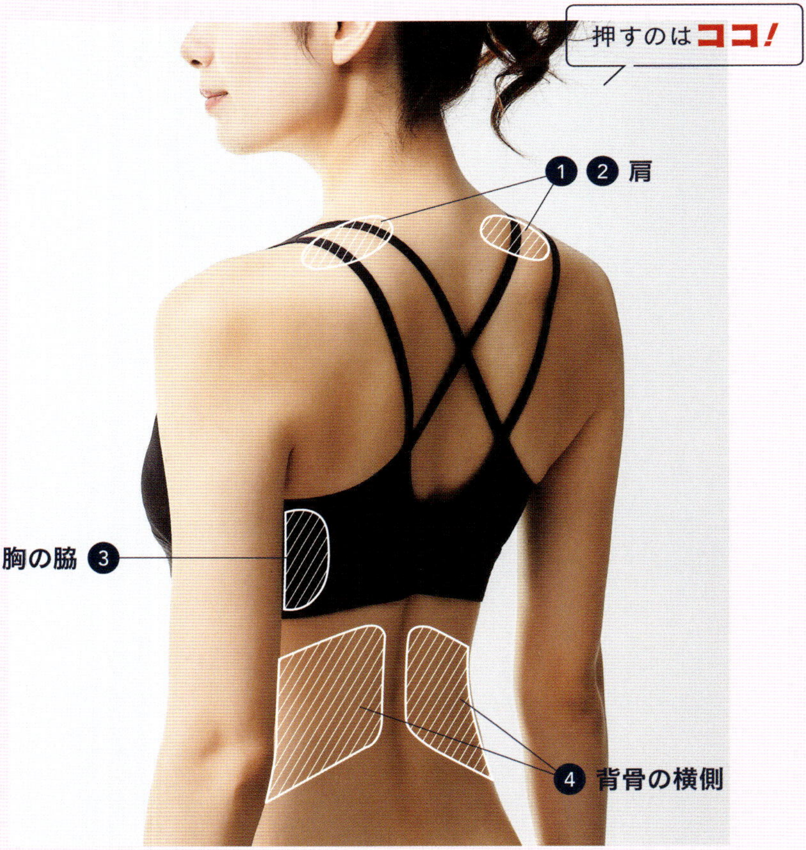

how to PUSH! 押し方

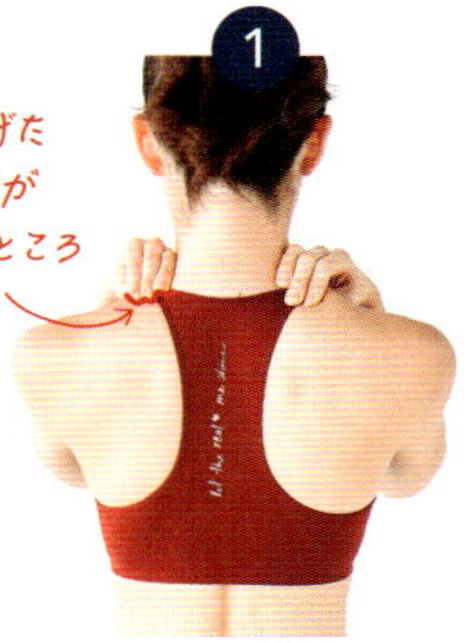
1
ひじを下げた
ときに指が
引っ掛かるところ

首の付け根を押す

肩に**人差し指&中指、薬指**を揃えて置き、指先を引っ掛けるようにして押します。

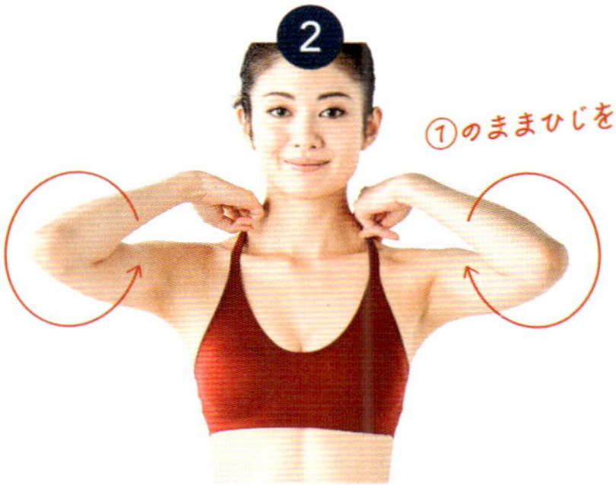
2
①のままひじをまわす

ひじをまわす

人差し指&中指、薬指押しをしたままひじを上げ、ひじで円を描くように動かします。肩《けん》甲骨《こうこつ》が動くのを感じながら行いましょう。

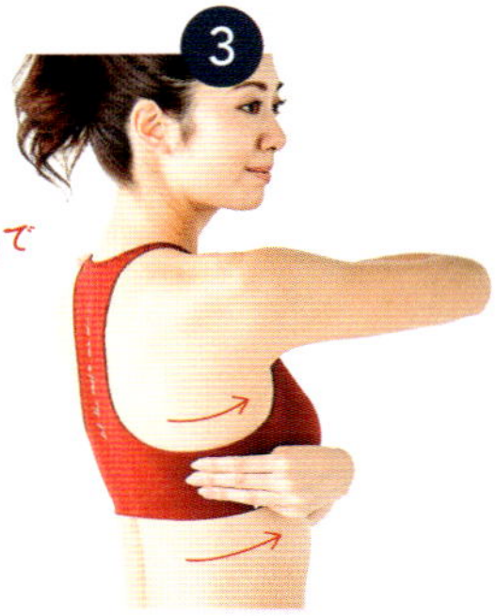
3
左右に3本指で
押し流す

胸の脇を押し流す

人差し指&中指、薬指押しで体の側面を背中から胸に向かって押し流します。反対側の体の側面も同様に。

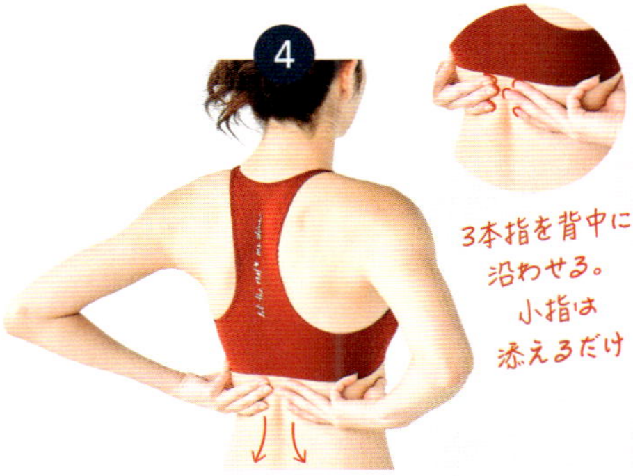
4
3本指を背中に
沿わせる。
小指は
添えるだけ

背中の肉を
ウエストまで押し流す

親指を体の側面に置き、背骨の脇に人差し指が当たるようにしたまま**人差し指&中指、薬指押し**しながらウエストまで押し流します。

15

美人の条件といえば
やっぱりコレ！
華奢な腕になる

1セット 2分

押すのはココ！

手首を曲げたときにできるシワから指3本くらい下に位置するツボ。胸から胃にかけて不快感や痛みに効くツボ。つわりにもgood。胃がスッキリ！

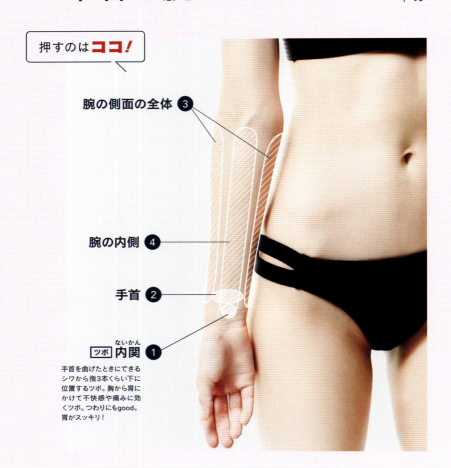

how to PUSH! 押し方

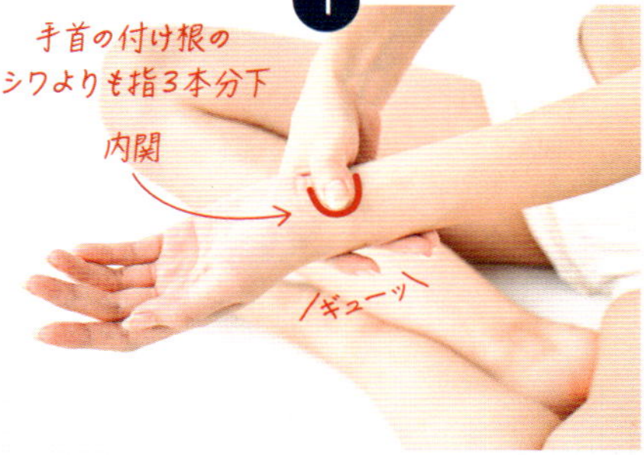
1
手首の付け根の
シワよりも指3本分下
内関
ギューッ

内関《ないかん》を押す

親指&人差し指押しで内関をしっかり押します。

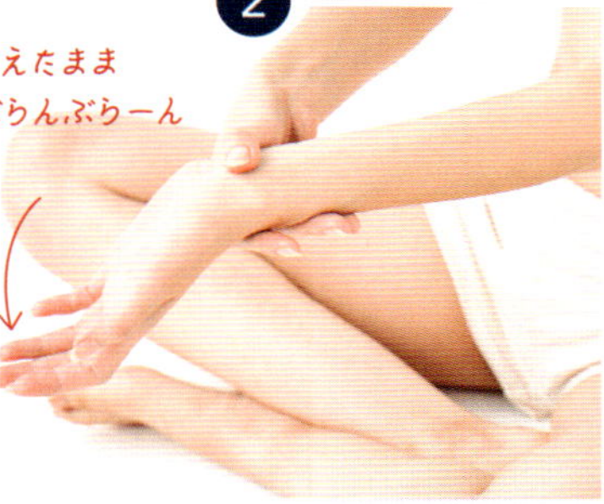
2
押さえたまま
手首をぶらんぶらーん

内関を押しながら動かす

内関を押したまま手首をぶらぶら動かす。

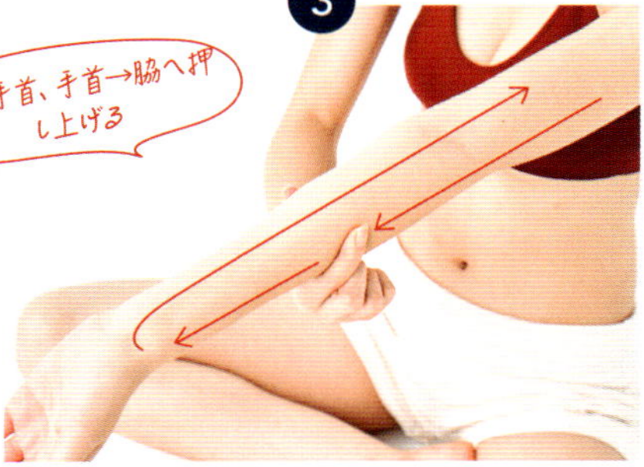
3
脇→手首、手首→脇へ押し上げる

腕の側面の全体を押す

親指と人差し指押しで腕の側面の全体を押す。脇→手首、手首→脇の動きでVの字を作るように押す。

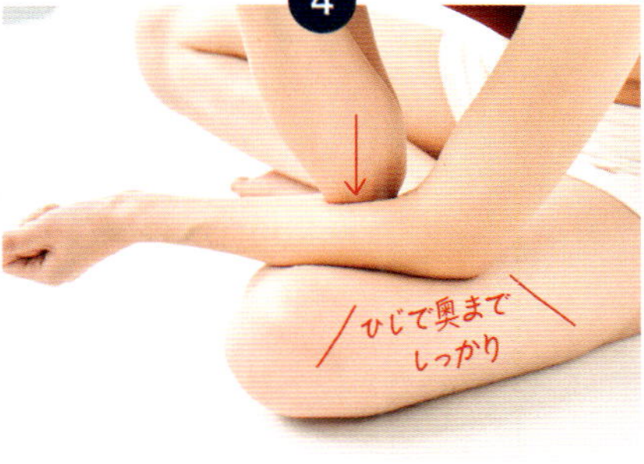
4
ひじは直角にする
ひじで奥まで
しっかり

手首からひじを押す

手首からひじまでの腕の内側を**ひじ押し**する。反対側の腕も同様に。

16

手元は異性からしっかり
見られています

細く長い指になる

1セット
1分

押すのはココ!

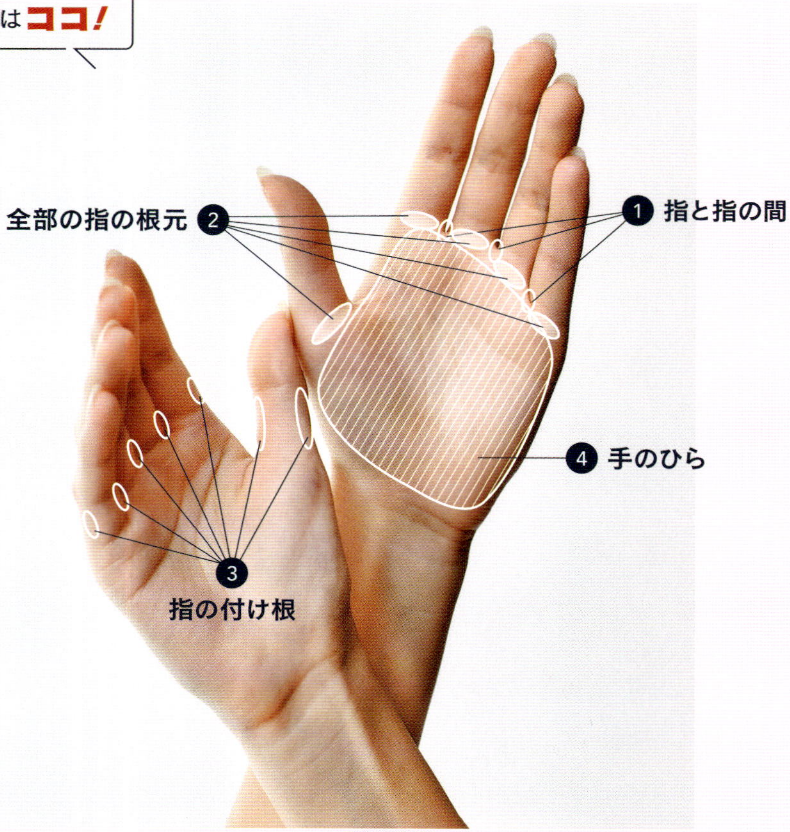

how to PUSH! 押し方

1

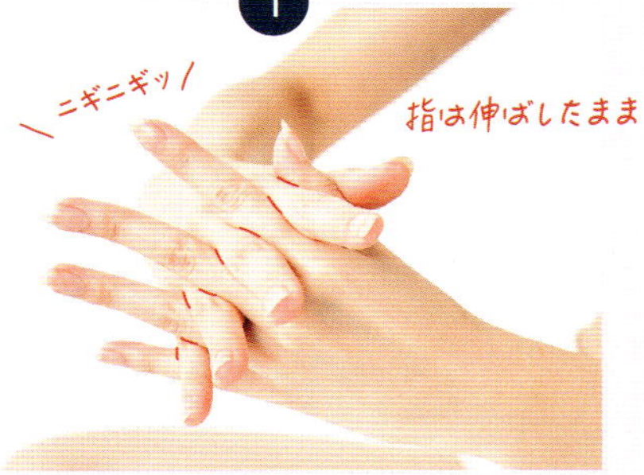
ニギニギッ
指は伸ばしたまま

指の付け根を押し合う

両手を組み、指の付け根に力を入れて刺激します。指の根元にはリンパの反射区があるので、首まわりの血流がよくなります。

2

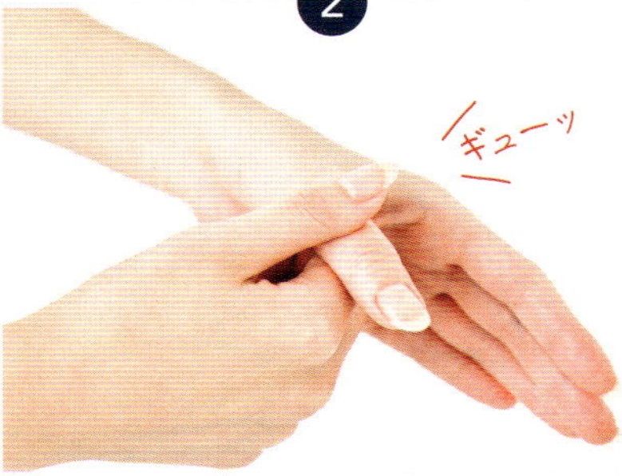
ギューッ

親指から小指まで上下を順に押す

親指＆人差し指押しで指の上下で挟み、親指から小指まで根元を1本1本ていねいに押します。

3

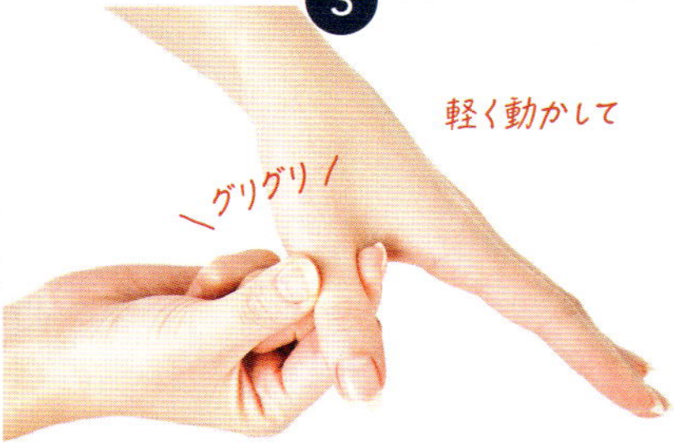
軽く動かして
グリグリ

親指から小指まで左右を順に押す

親指＆人差し指押しで指の左右を挟み、親指から小指まで指の付け根を1本1本ていねいに押します。

4

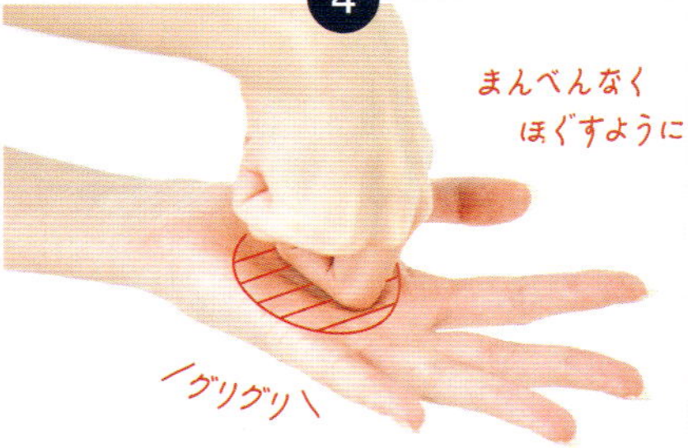
まんべんなく
ほぐすように
グリグリ

手のひら全体を押す

中指カギ押しで手のひらをていねいに押します。指の付け根から手首に向かって行います。反対側の手も同様に。

17

洋服が一気に似合うようになる！

腰の位置を高くする

1セット 2分

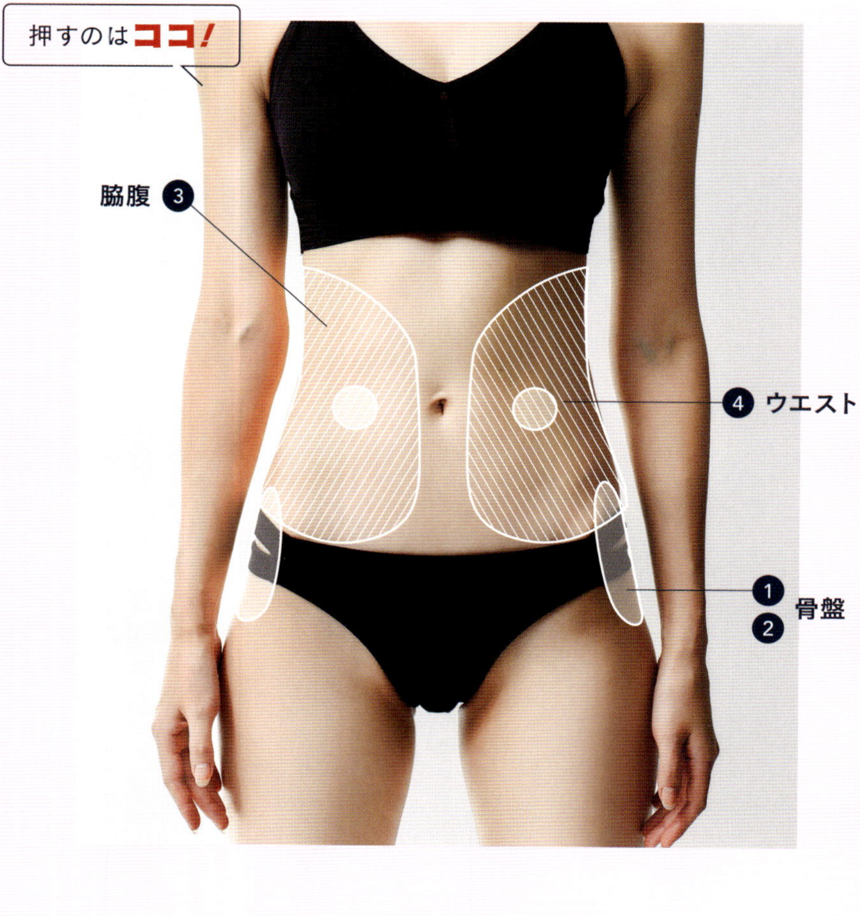

how to PUSH! 押し方

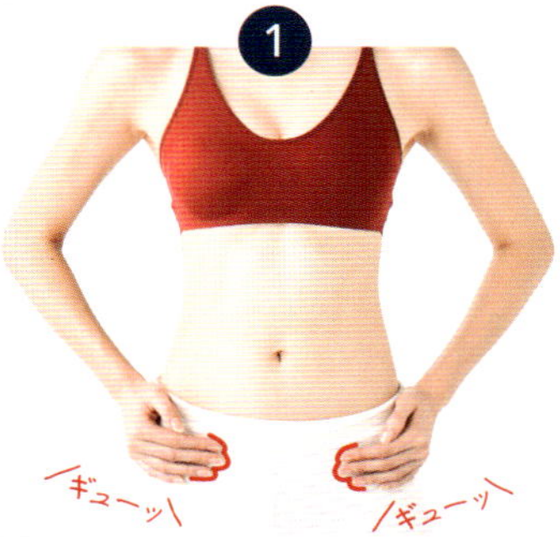
1
ギューッ
ギューッ

骨盤を包み押す

手のひら押しで骨盤を包むようにして両脇から中心に押します。同時に添えている人差し指&中指、薬指で押すと巡りアップ。

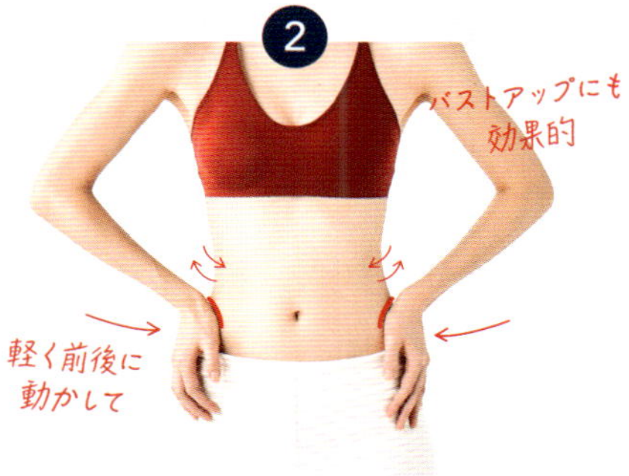
2
バストアップにも効果的
軽く前後に動かして

骨盤を前後に動かす

手のひらを縦にして親指の付け根に骨盤を引っ掛け、**手のひら押し**する。

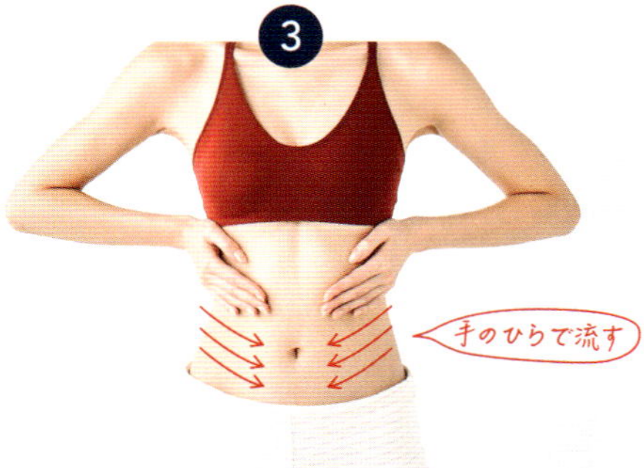
3
手のひらで流す

体の中央に向かって絞るようにして押す

手のひら押しであばらから下腹までウエストのラインを作り、整える。

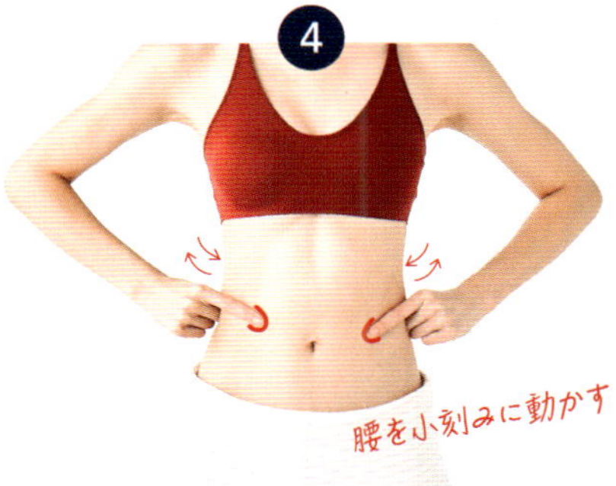
4
腰を小刻みに動かす

ウエストを押しながら腰を振る

ウエストの一番くびれた部分を親指と人差し指で挟み、**親指&人差し指押し**をしながら腰を前後に小刻みに動かす。

18

男性より小さな肩幅でいたいから…

たくましい肩とさよならする

1セット 1分

押すのはココ！

how to PUSH! 押し方

1
鎖骨下の
リンパを流す

鎖骨下を押す

鎖骨の下を**第二関節押し**で左右に動かします。

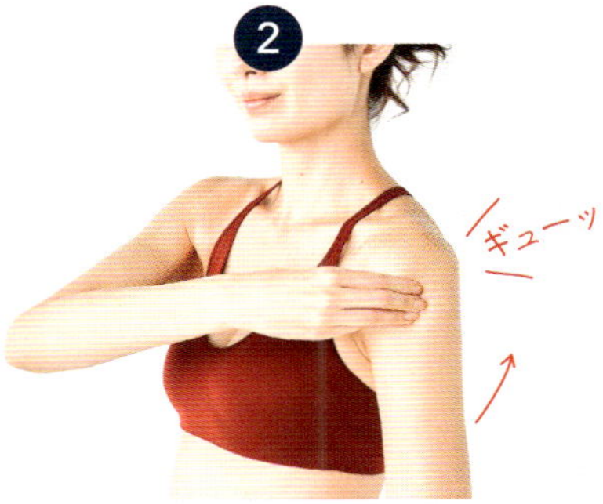
2
ギューッ

腕の中央を押す

腕の中央を**人差し指&中指、薬指押し**しながら腕を上げ下げします。

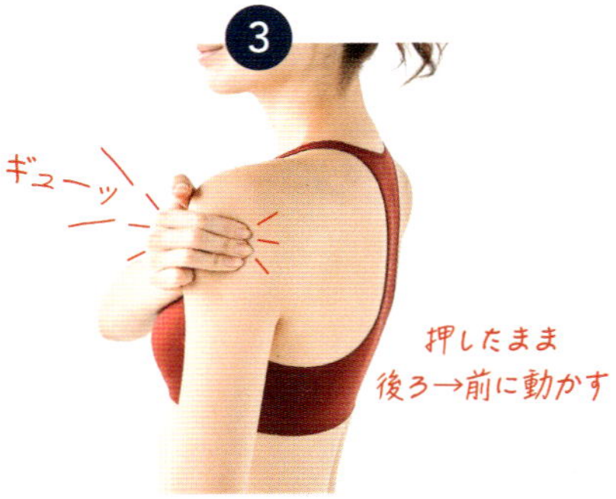
3
ギューッ
押したまま
後ろ→前に動かす

腕を手のひらと指で挟む

肩から手首に向かって腕全体を**人差し指&中指、薬指押し**しながら手のひらで挟み押します。

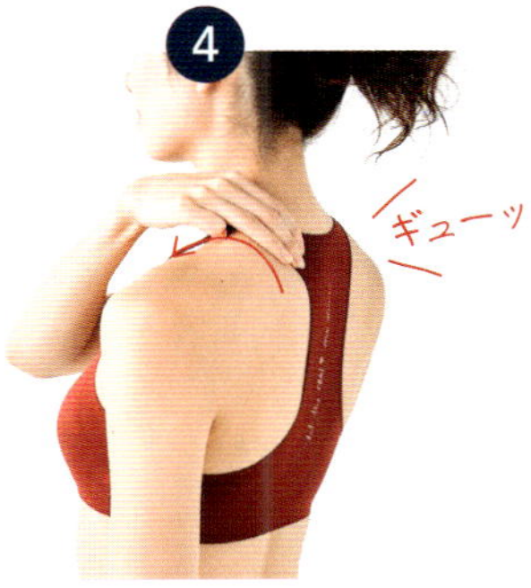
4
ギューッ

鎖骨まで押し流す

人差し指、中指、薬指の３本の指で肩甲骨の内側から肩に向かって鎖骨まで押し流します。反対側の腕も同様に。

19

美人が必ず磨いているところ

美しい デコルテになる

1セット 2分

how to PUSH! 押し方

1

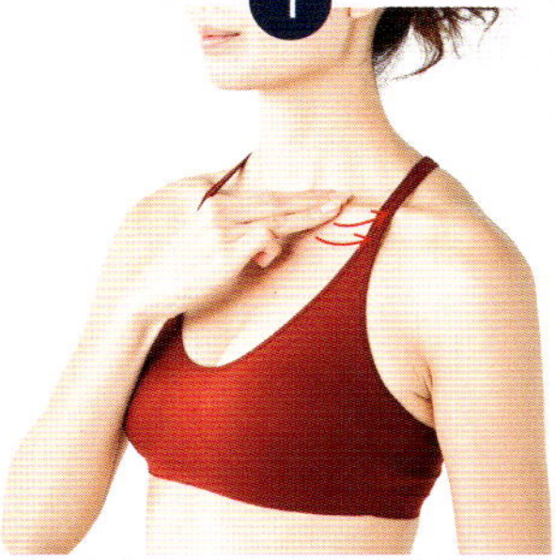

鎖骨上を押す

人差し指&中指、薬指押しで鎖骨上をしっかり押します。指を鎖骨に入れるような感じでグッと力を入れて押します。

2

胸の中心から脇に向かって押し流す

第二関節押しで胸の中心から脇に向かって、バスト上を押し流します。

3

指を首の付け根にあて、頭を倒す

人差し指&中指、薬指押しで首の付け根に指をあて、頭を横に傾けます。肩の骨を感じながら行いましょう。

4

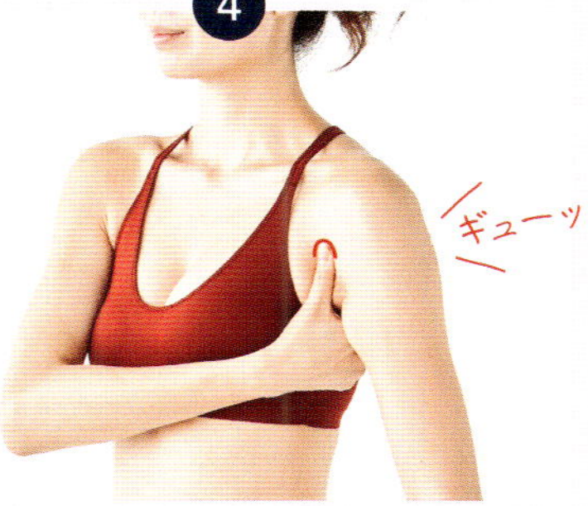

脇の付け根を押す

脇の付け根を人差し指と親指で挟み、押します。反対側も同様に。

20

美乳は自分の手で作れます

美しいバストを手に入れる

1セット 1分

押すのはココ!

how to PUSH! 押し方

1
アンダーバストを
グッと
引き上げるように

アンダーバストを引き上げる

アンダーバストに手のひらを密着させ、胸を引き上げます。

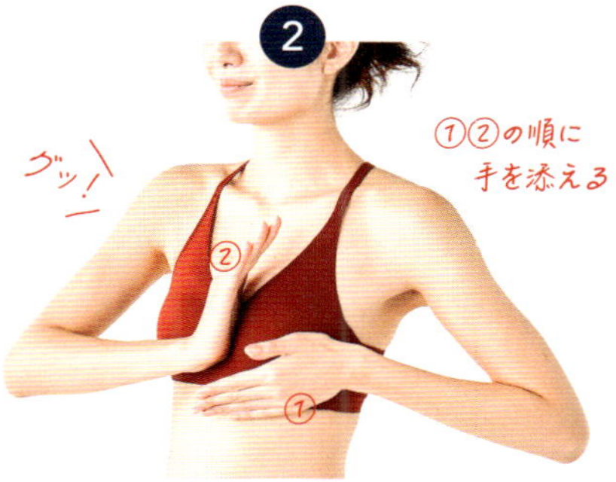
2
グッ！
①②の順に
手を添える
②
①

バストを左右から挟み押す

両手のひらでバストを下と中心から挟んで押します。

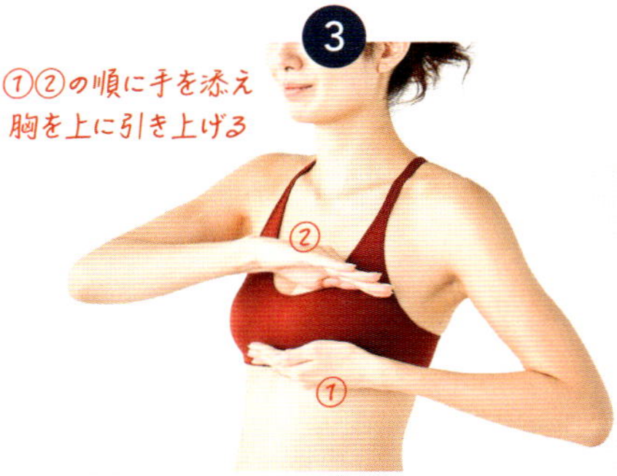
3
①②の順に手を添え
胸を上に引き上げる
②
①

バスとを上下から挟み押す

両手のひらでバストを上下から挟み押します。

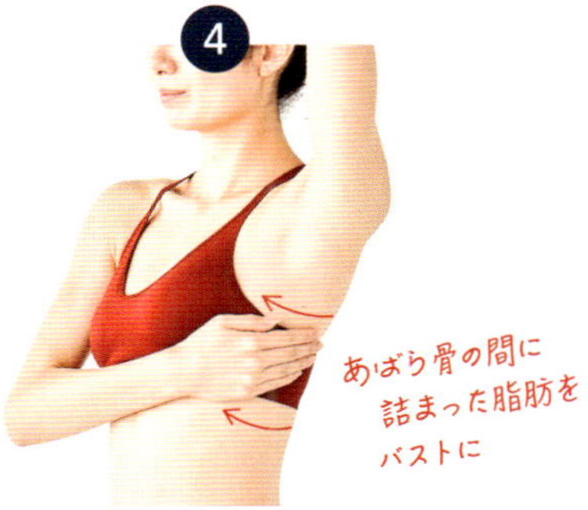
4
あばら骨の間に
詰まった脂肪を
バストに

3本の指で押し集める

バストから背中に流れた脂肪をかき集める。反対側のバストも同様に。

COLUMN

市販グッズを上手に使って ヤセ度をアップ！

私が愛用中のセルフケアとスペシャルケアにオススメのグッズを紹介。
ベストマッチするアイテムがあればセルフケアはもっと楽しくなるはず。
サポートアイテムで効果をアップさせよう！

■

DE LA MER
ザ・トリートメント ローション

トロッとしたテクスチャーが肌に溶け込み、つけた瞬間にお肌が潤って、柔らかくなり保湿力の高さを感じます。150mL ¥15,500（ドゥ・ラ・メール）

■

DE LA MER
ザ・ミスト

お風呂上がりに即スプレー。そしていつも手に届くところに置いて必要なときに潤いチャージしています。100mL ¥8,500（ドゥ・ラ・メール）

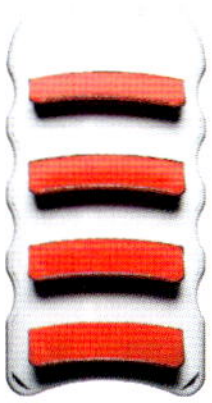

■

CLARINS
マルチ マス

４面を使い分けて８種類の使い方ができる優れもの。ボディ オイル“アンティ オー”を使用したマッサージにはオススメ。特に太ももの裏やヒップをしっかりケアできます。¥5,000（クラランス）

■

CLARINS
クレーム マスヴェルト

肌をスッキリ引き締め、潤いとハリを与えてくれます。おなか周りのマッサージには欠かせない存在。香りもよく、保湿力が高いのでお風呂上がりに塗ると翌日までしっとり。190g ¥8,000（クラランス）

■

CLARINS
ボディ オイル“アンティ オー”

バスタイムの必需品。脚全体に塗りマッサージするだけ。足首やひざまわりの老廃物にもアプローチできます。100mL ¥7,400（クラランス）

■

WELEDA
ざくろ オイル

不飽和脂肪酸がたっぷりのざくろオイルは女性らしいパーツを磨くオイルとしてオススメ。年齢が出やすいデコルテや首のケアに。100mL ¥4,500（ヴェレダ・ジャパン）

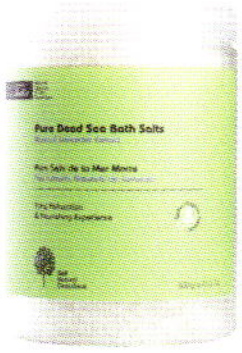

■

Talia
バスソルト

デトックス&代謝アップでダイエットや美肌効果も。体が温かい状態に保たれるので代謝がアップし、冷え性の改善にもなります。塩は皮膚の表面に膜を作るため、高い保湿力アリ。800g ¥2,980（パル・ライフサポート）

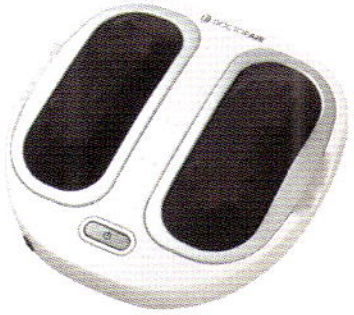

■

Dr.Air
3DFOOT POINT

足裏を刺激し、足裏に溜まった老廃物や疲労物質を流してくれ、足をスッキリさせてくれます。足裏の筋肉も動きを活発にしてくれるので血行促進だけではなく体全体のゆがみ改善にも。¥9,074（ドクターエア）

■

財宝
財宝の美水スペシャル

スプレー式の化粧水。全身にバシャバシャ使えるのでボディにしっかり水分を与えることができます。逆さにしてもスプレーできるので背中やヒップなどにもGOOD。140mL ¥1,500（財宝）

■

FOLiUM
ボディエステマッサージオイル

さらっと伸びてベトつかないマッサージ専用オイル。ゆずジンジャーの香りに癒されながら、指先をしっかり使ってボディケアできます。160mL ¥1,500（フォリューム）

PART 4

Around the face

顔を押しヤセ！

顔は「押す」ことで小さく、立体的にできます。表情筋をゆるめ、老廃物を流すことで小顔になれ、顔色がよく、パッと華やかな印象に！メイク前に「押す」だけで、1日中化粧崩れなしでいられます。

21-30

顔の太りグセ、気づかないうちにやってない？

あなたは大丈夫？

□ 気がつくと頬杖をついている
□ 美容液に頼っている
□ スマホを見る姿勢が悪い
□ 化粧直しを1日何度もする
□ 顔のマッサージをまったくしない
□ 毎日パックをしている
□ 洗顔をしすぎている
□ 顔のむくみを放置している

21

輪郭のボヤケは老け顔の元！

フェイスラインをスッキリさせる

1セット　1分

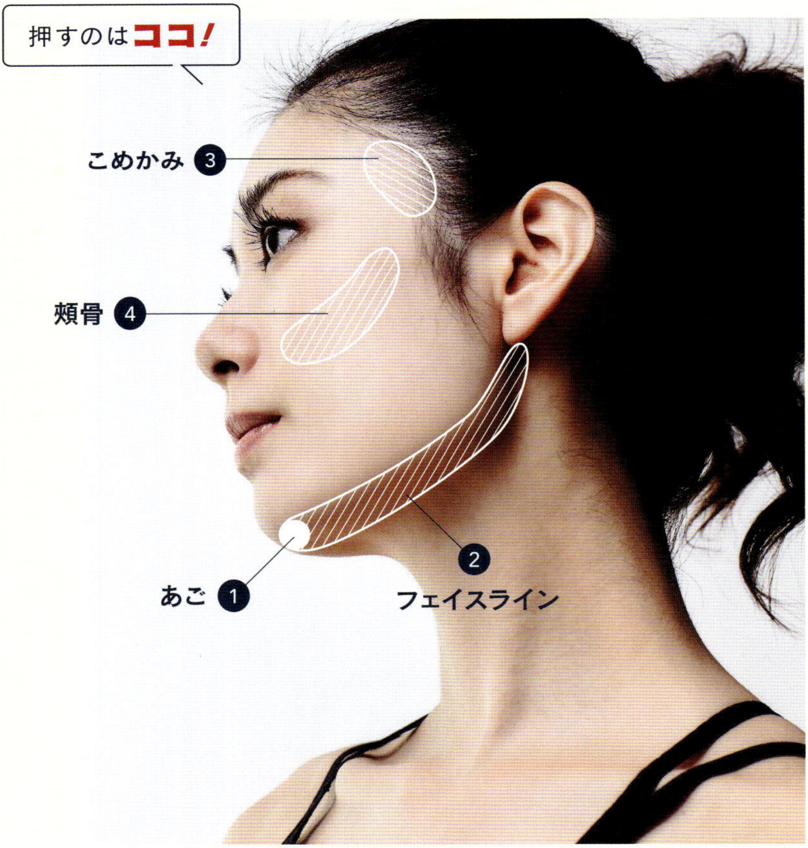

how to PUSH! 押し方

1

あごを
少し突き出す

あごの下を押す

親指押しであごの下にあるくぼみをしっかり押します。

2

あごから
耳の付け根まで
骨に引っ掛けて
スライド

フェイスラインを押す

両手の**親指押し**でフェイスラインに沿ってあご先から耳の付け根までしっかり押します。

3

押しまわす

こめかみを押す

こめかみを**人差し指＆中指、薬指押し**で生え際に沿って押しまわします。

4

頬骨に手のひらを
引っ掛ける

頬の肉を押し上げる

親指の付け根を頬骨の下に引っ掛けるようにしながら、手のひらを肌に密着させ、しっかり引き上げます。

22

「美人が台無し…」の典型といえば

二重あごを解消する

1セット 2分

how to PUSH! 押し方

1
中指カギ押しを
左右交互に
行うこと
グッ

あごの骨のキワを押す

両手の**中指カギ押し**で、あごの骨に沿ってあごをしっかり押し上げます。

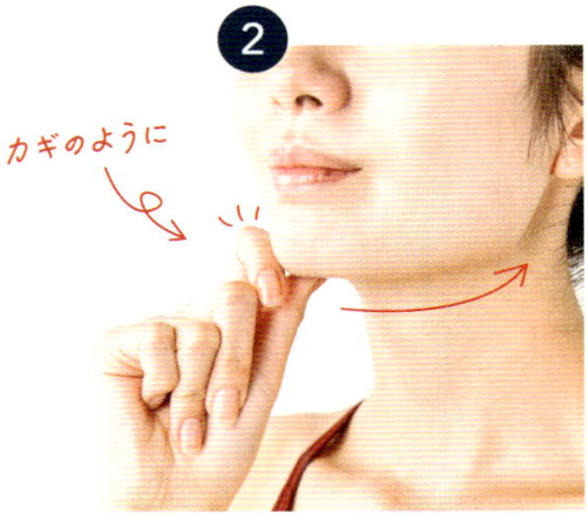
2
カギのように

あごからフェイスラインを押し流す

親指＆人差し指押しであごの骨を挟み、押しながら耳の方へ動かします。反対側のあごも同様に。

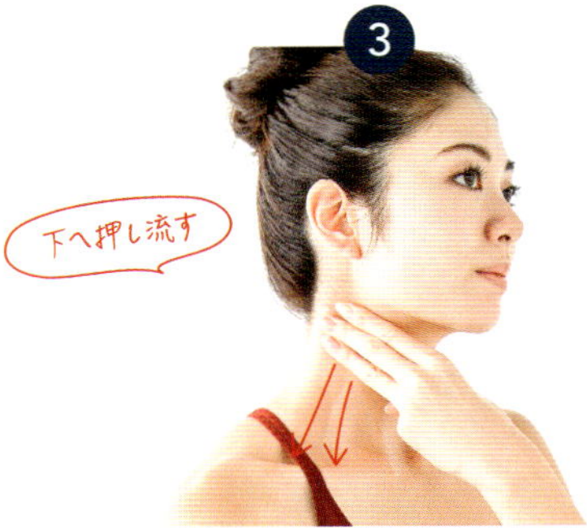
3
下へ押し流す

首全体を押す

首全体を**人差し指＆中指、薬指押し**で鎖骨に向って流します。反対側の首も同様に。

4
つまみほぐす

あごの下を挟み押す

親指＆人差し指押しであごの下の首の肉を挟み押します。

#23

顔の面積が一気に激減！
エラ張りを和らげる

1セット
2分

耳の付け根にあるエラから1cmほど下にあるツボ。フェイスラインのたるみや二重あご解消に。

how to PUSH! 押し方

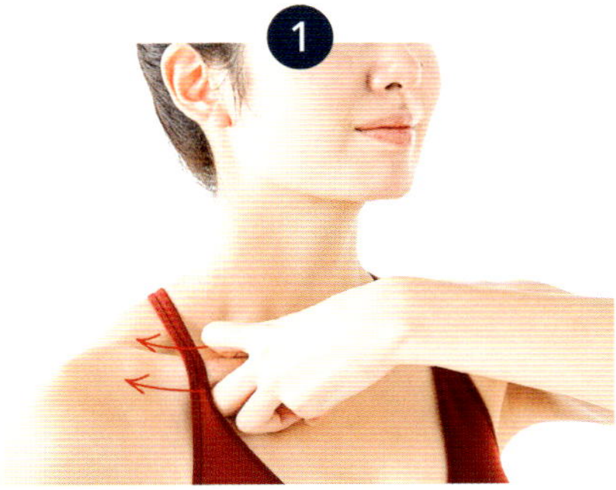
1

鎖骨の上下を挟み押す

鎖骨の上下を**人差し指&中指、薬指押し**で挟み、外側へ押し流します。

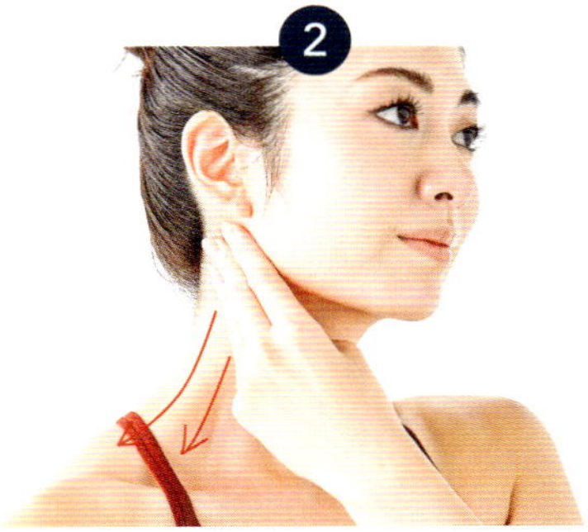
2

耳の付け根から鎖骨へ流す

耳の付け根から鎖骨に向かって耳の下を**人差し指&中指、薬指押し**で押し流します。

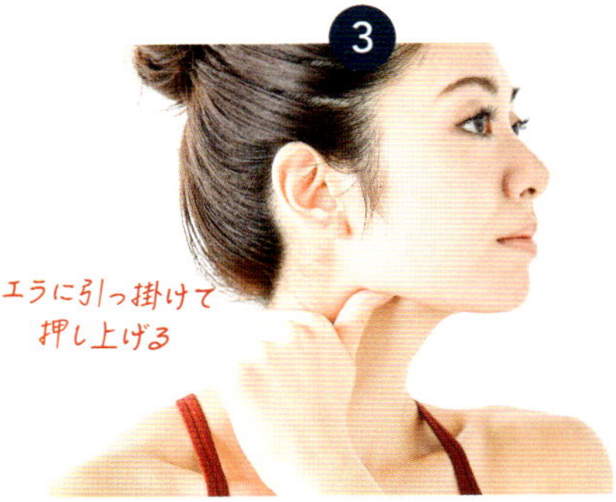
3
エラに引っ掛けて
押し上げる

エラを押しほぐす

エラを**親指押し**します。エラに親指を引っ掛けて上へ押し上げるように。

4
骨のキワに沿って
左右に
押し動かす

フェイスラインを押す

フェイスラインを骨に沿って**第二関節押し**で左右に小刻みに押し動かします。反対側も同様に。

#24

「実は太ったんじゃなくて、むくんでるだけ」

顔全体の むくみを取り去る

1セット 1分

how to PUSH! 押し方

1

フェイスラインを押す

フェイスラインに沿って**中指カギ押し**をします。

2

小鼻の横を押す

小鼻の横を**中指カギ押し**で押します。

3

眉頭からこめかみを押す

第二関節押しで、眉上を眉頭からこめかみに向かって押します。

4

頬全体をつまみ押す

親指＆人差し指押しで、頬をつまみながら頬全体をまんべんなく押し上げます。反対側も同様に。

25

“整形級”の美鼻の
作り方教えます

鼻を高くする

1セット 1分

押すのは**ココ!**

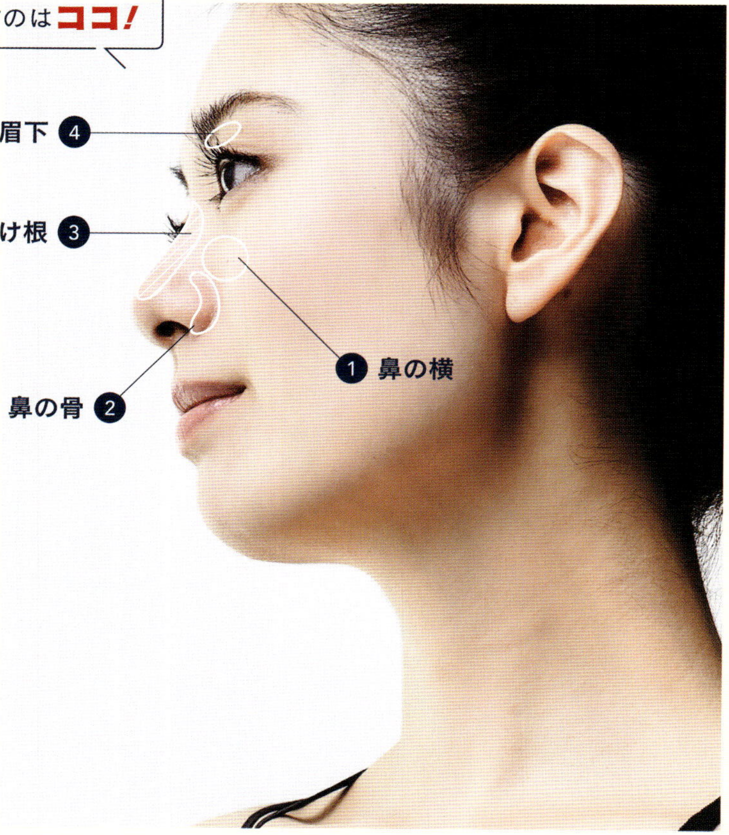

how to PUSH! 押し方

1

奥に押し込む
イメージ

鼻を両脇から挟む

中指カギ押しで両サイドから鼻を挟みます。指の内側に力を入れて押しましょう！

2

ギュッ

小鼻の骨を押す

挟んだ指を小鼻の骨に沿って上下に細かく動かしながら押していきます。

3

ギュッギュッと押す

鼻をほぐす

鼻から空気を吸いながら行います。親指と人差し指で鼻の付け根を挟み押します。リズミカルに交互に押しましょう。

4

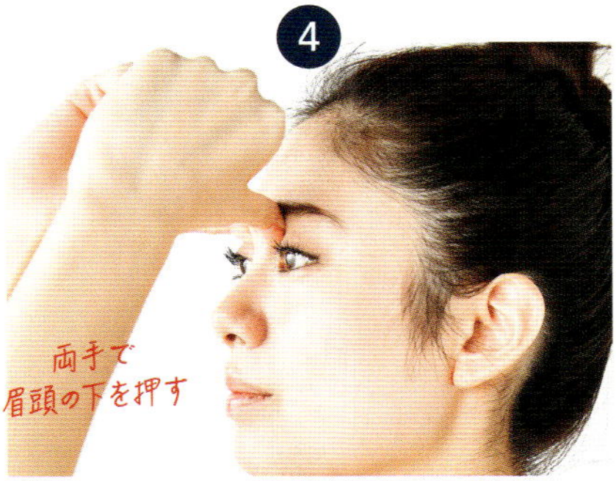
両手で
眉頭の下を押す

眉下を押す

親指の腹を使って眉毛の下を押します。

26

これだけで3歳若返り♡
頬骨を高くする

1セット
1分

押すのはココ!

ツボ 四白《しはく》
黒目の下の少しくぼんだところにあるツボ。顔の血流がよくなるため小顔効果アリ。
頬骨 1
3 目の下
頬下 4
2 頬骨の下

how to PUSH! 押し方

1
頬骨を持ち上げる
ような感覚で

頬骨を押し上げる

頬骨を**親指&人差し指押し**で挟み、押し上げます。

2
頬骨に沿って
老廃物を流す

頬骨まわりを押しほぐす

親指押しで頬骨の下を押し、老廃物をほぐします。

3
トントントン
と流す

四白《しはく》を押す

四白を**中指カギ押し**で目頭から目尻にかけて押します。

4
軽く顔を振る
親指に力を入れる

頬骨を押しほぐす

親指&人差し指押しで頬骨を左右から挟み、押します。人差し指は鼻の真横に、親指の腹は頬骨の下にあて、顔を上下左右に動かします。

#27

毎日のケアで必ず消えます
ほうれい線を なくす

1セット
2分

how to PUSH! 押し方

1
うんうんと
軽くうなずいて
効かせる

頬骨の下を押す

人差し指&中指、薬指押しを、頬骨の下にあてます。顔を上下に小さく動かします。

2

フェイスラインを押し流す

親指押しでフェイスラインに沿って、あご先から耳の方へ向かい押し流します。

3
エラをほぐす
イメージで

エラを押す

人差し指&中指、薬指押しでエラを円を描くように押します。

4
親指&人差し指押しで
口輪筋を刺激

口輪筋を刺激する

口のまわりを**親指&人差し指押し**で挟み、上下左右に小刻みに動かします。

28

1セット 2分

いっぱい笑ったしるし…
でも消したい！
目尻のシワをなくす

押すのはココ!

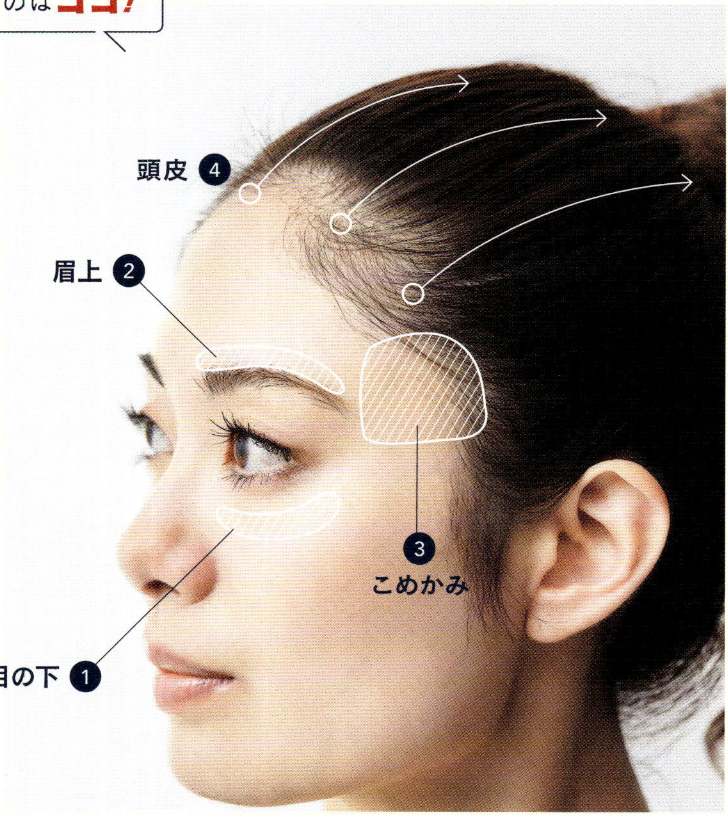

how to PUSH! 押し方

1
ポンポンとやさしく

目の下を押す

中指カギ押しで目の下をやさしく押します。P.94で紹介した四白も押しています。

2
ギュッ
目の疲れも取れる!!
眉毛に沿って押して

眉上を押す

親指押しで眉毛の上をしっかり押します。

3
少し上に動かして

こめかみを押す

人差し指&中指、薬指押しでこめかみを押し上げます。

4

頭頂部まで押し上げる

人差し指&中指、薬指押しを生え際にあて、頭皮を押し上げるように頭頂部に向かって流します。

29

加工不要の大きな瞳に！
ぱっちりした目元を手に入れる

1セット　1分

押すのは**ココ!**

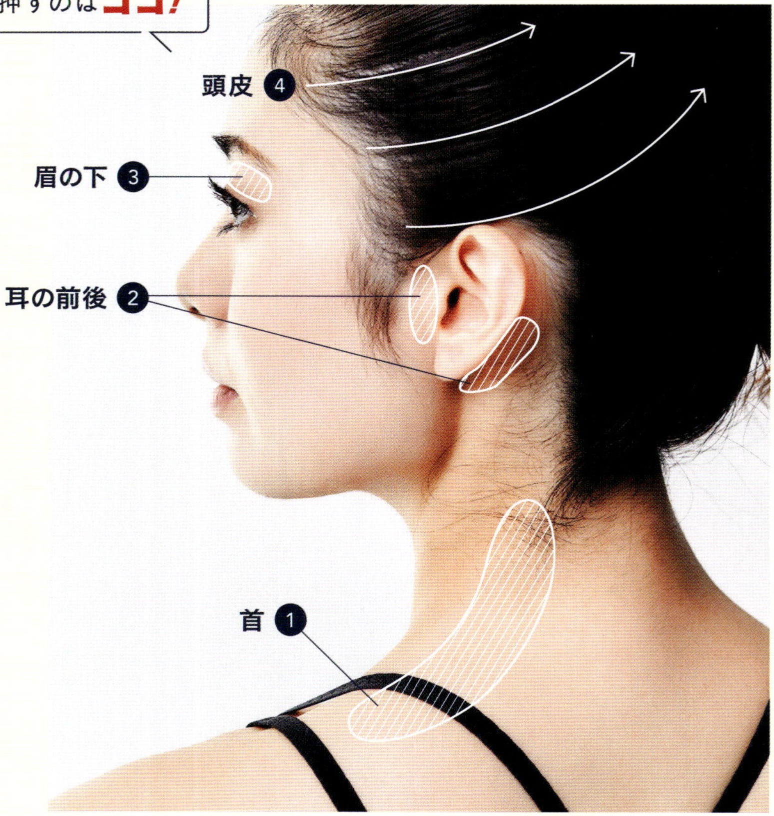

how to PUSH!　押し方

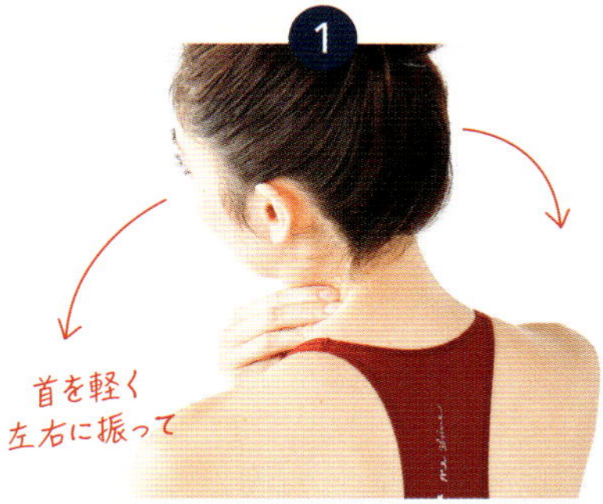
首を軽く
左右に振って

1 押しながら首を左右に動かす

首の付け根を**人差し指&中指、薬指押し**で押し、首を左右に動かしてしっかり刺激します。

耳にはツボが
たくさん！
ギューッ

2 耳を挟み押す

人差し指&中指、薬指押しで耳を挟み押しします。

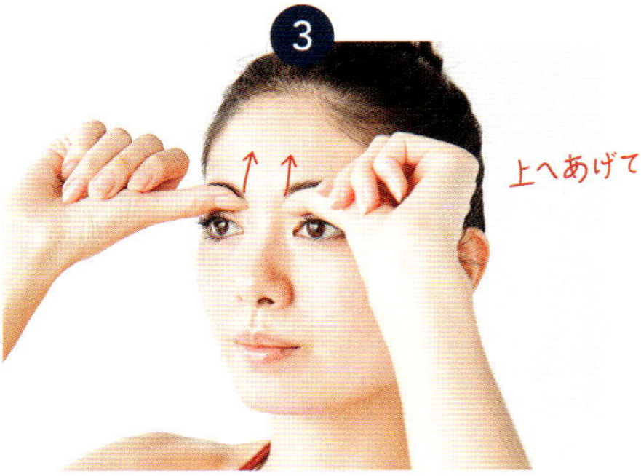
上へあげて

3 眉の下を押す

眉の下全体を**親指押し**で押し上げます。

4 生え際から頭頂部を押す

人差し指&中指、薬指押しで生え際から頭頂部に向かって頭皮を押し流します。

30

首のシワは一度ついたら消せません

首のたるみ、シワを解消する

1セット
2分

how to PUSH! 押し方

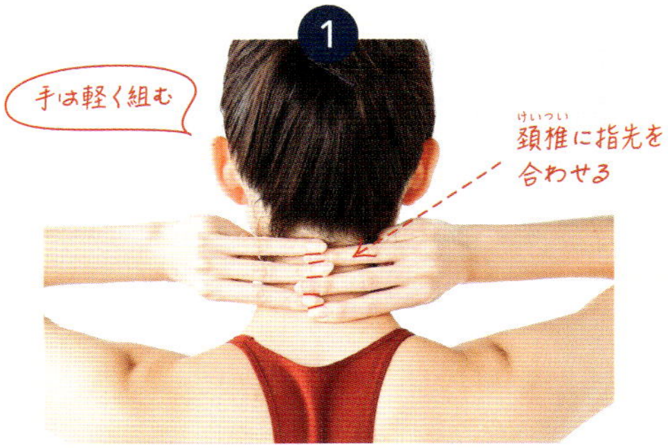
1
手は軽く組む
頚椎《けいつい》に指先を
合わせる

首の後ろ側を押す

首の後ろを**人差し指&中指、薬指押し**し、ひじを広げます。ひじを広げることで肩甲骨が中心に寄ります。

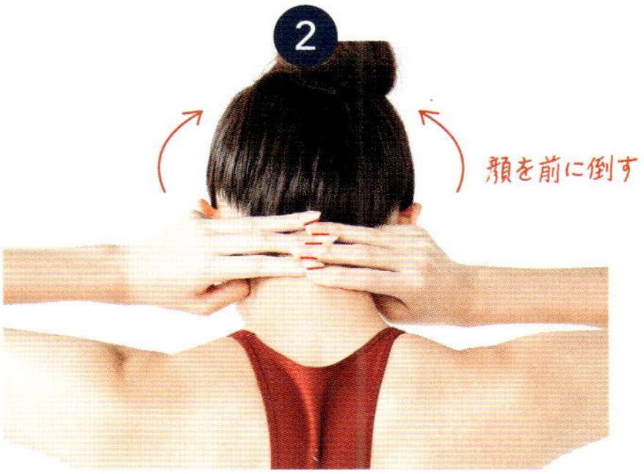
2
顔を前に倒す

押したまま顔を前後に動かす

人差し指&中指、薬指押しで首の後ろを押したまま、顔を前後に動かします。骨の動きを感じるようにゆっくりと動かしましょう。

3
②の指のまま
顔を左右に振る

押したまま顔を左右に振る

人差し指&中指、薬指押しで首の後ろを押したまま、顔を左右に動かします。骨の動きを感じながら左右に細かく動かしましょう。

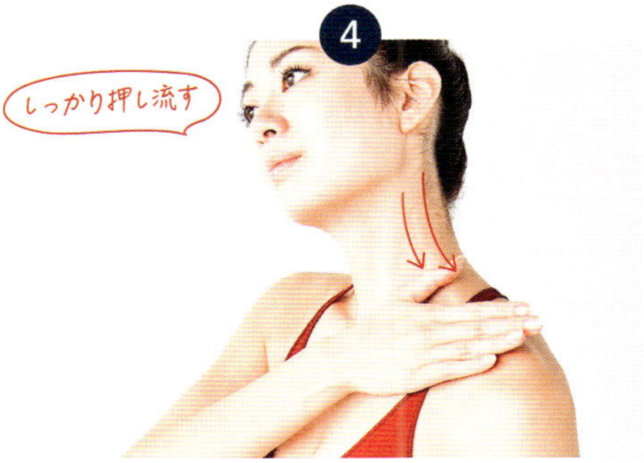
4
しっかり押し流す

耳の下から肩に向かって
リンパ節を押し流す

首の側面に手のひらを密着させ、ゆっくり押し流します。親指の付け根が鎖骨の上にくるまで動かしましょう。反対側も同様に。

COLUMN

女性の不調は顔の反射区を活用すれば解消できます！

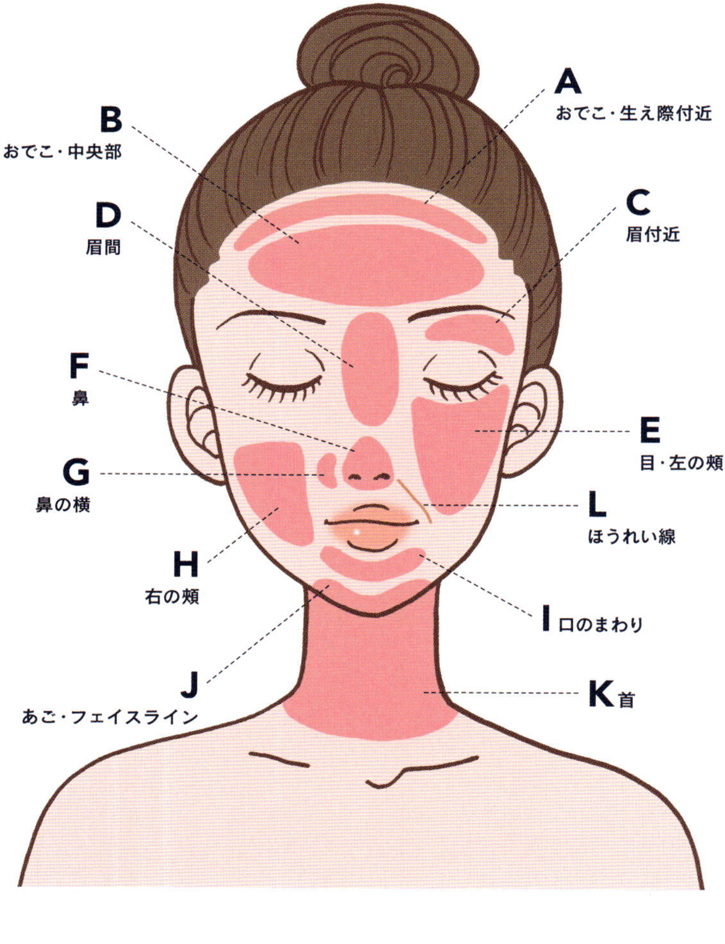

足裏に反射区があるように顔にも内臓の反射区があります。
肌の状態も内臓の状態も表してくれるので活用しない手はありません。
フェイシャルケアの際に気になる症状の反射区を押してみましょう。

A. おでこ・生え際付近

肝・心の機能低下

- □ 気分の落ち込み
- □ ストレス

B. おでこ・中央部

肝・腎の機能低下

- □ 胃腸が弱っている
- □ 腰痛

C. 眉付近

肝機能の低下

- □ のどの痛み
- □ 鼻炎・気管支炎

D. 眉間

心の機能低下

- □ 気分の落ち込み
- □ ストレス

肺の機能低下

- □ 飲み過ぎ
- □ 体の冷え

E. 目・左の頬

肝・胆の機能低下

- □ ストレス
- □ 寝不足気味
- □ 血行不良
- □ 生理不順

F. 鼻

胃の機能低下

- □ 消化不良
- □ 胃もたれ

肺の機能低下

- □ のどの痛み
- □ 鼻炎・気管支炎

G. 鼻の横

大腸の機能低下

- □ 便秘
- □ 下痢

H. 右の頬

肺の機能低下

- □ のどの痛み
- □ 鼻炎・気管支炎

I. 口のまわり

胃の機能低下

- □ 食べ過ぎ
- □ 胃もたれ

J. あご・フェイスライン

腎の機能低下

- □ 婦人科系の不調
- □ 体の疲れ
- □ 足のむくみ

K. 首

胃の機能低下

- □ 消化不良
- □ 胃もたれ

L. ほうれい線

- □ 太ももの筋力低下

COLUMN

久式 ヤセぐせをつける 10カ条

RULE 1

足のケアは毎日欠かさずに！

体の土台である足からケアすることで効果が持続しやすくなります。お風呂の中で洗いながら足の裏を「押し」、ふくらはぎや太ももを「押し」流しましょう。忙しくても足裏と足首のケアだけは欠かさずに。

RULE 2

おなかまわりを「押し」てデトックス！

おなかには大きな静脈とリンパがあるのでやさしく「押し」てデトックスしましょう。腸の動きも活発にできるように温めながらケアするのがオススメです。寝る前に3分、ベッドで行う習慣をつけましょう。

RULE 3

姿見を見てボディチェックを！

毎日鏡を見て全身チェックしましょう。特に目の高さ、肩の高さ、バストやウエストの位置、両ひざがくっついているかなど細かくチェックしましょう。骨盤と脚のゆがみが軽減してくると脚がまっすぐに伸びるため、美脚になれます。

RULE 4

体を縦方向、横方向にストレッチ！

毎日体を伸ばす、ゆるめるを意識したストレッチを行いましょう。仰向けになり腕と脚を思い切り伸ばします。しっかり伸びをしたら、一気に力を抜きリラックス。おなかがしっかり伸び、全身に血液が巡ります。

RULE 5

美脚作りのためにつま先を内側、外側にひねる！

つま先を内側、外側にひねることで脚全体をしっかり伸ばすと同時にゆがみを改善することができます。脚の付け根からひねるように意識することが大切。寝起き、寝る前に行うことで脚のラインが整います。

これまでのチャプターで日々の「押す」ケアを習得したので
体の「ヤセスイッチ」が入ったはずです。
今後は体型キープのために以下のルールをぜひ習慣づけてください。

RULE
6

正しい姿勢を毎日体にインプット！

壁を背に、かかと・ふくらはぎ・ヒップ・肩甲骨・後頭部が壁につくように立ち、ヒップに力を入れ、両ひざを中心に寄せ、肋骨が骨盤の真上にくるように姿勢を整えます。この姿勢を毎日インプットすることで正しい姿勢が身につき、ヤセぐせがつきます。

RULE
7

バッグの中を整理しよう！

荷物とダイエットに関連ってあるの？ と思いますよね。バッグの中を整理できない人は「自己管理ができない＝太る」のです。必要なものを見極める習慣をつけることで食事、運動などの管理も自分できちんとできるようになります。

RULE
8

腹八分目を心がける！

ダイエット中はこれは食べちゃダメ！ これはガマン！ などと制限する人が多いと思いますがそれではストレスが溜まる一方。「食べたいものは食べる。ただし量を少し減らす」方式でダイエットを楽しみましょう。常に腹八分目を心掛けて。

RULE
9

良質な睡眠を取る！

良質な睡眠は成長ホルモンが多く分泌され、安眠できると寝ている間も脂肪が燃焼されて太りにくく、ヤセやすい体が手に入るのです。睡眠は美容と健康の維持に大きく影響があります。良質な睡眠が取れるように工夫しましょう。

RULE
10

歩き方を変え、足裏の筋肉を鍛える！

着地する順番を「かかと→小指の付け根→親指の付け根」の順に意識するだけで脚全体の筋肉が使えるようになり、脚のラインが整います。足の裏の筋肉をしっかり使えるようになると体のゆがみも軽減します。

おわりに

私がダイエットに成功したのは約２０数年前。半年で１５kgのダイエットに成功したときはとてもうれしく、反面リバウンドするのがとても怖かったのを覚えています。それから結婚・妊娠・出産を経験し、１０年前にあるきっかけでボディメンテナンス・セラピストになりました。
そして研究に研究を重ね「リンパドレナージュ」をベースに、血液の流れや関節の調整をする独自のメンテナンスメソッドを考案することができました。
セラピストとして活動するにあたって、自身がメソッドの効果を表す「証明」にならなければいけないとの思いから専門知識を元に、セルフケアを毎日欠かさず行うようになりました。すると驚くほど体が変わり、整っていくことを感じたのです。こういった経験を積み重ね、私のメソッドはどんどん確実なものに成長してきました。
その一つがこの本で紹介している「押す」というアプローチです。思い返すと「押す」ことは、私のダイエットの第一歩だったのです。
私のダイエットの成功の鍵は「リンパ」と「足首」。足首をまわしたことで、全身の骨格が整い、リンパや血液の流れがよくなり代謝が上がった結果、半年で１５kgのダイエットに成功しました。

当時のことを細かく思い起こすと、足首をまわすとき、くるぶしの横を「押し」て支点にしていたのです。その他にもひざの裏や脚の付け根を無意識に「押し」ていました。

「もむ」ではなくこの「押す」という行為でリンパ節を刺激することができたり、関節をゆるめることができたり、筋膜をはがしやすくしたりしていたのです。
ですから私のボディメンテナンスメソッドでは「もむ」ことはほとんどせず、「押す」＋動かす・流す・開くなどのアプローチが主になっています。

本書ではサロンのメソッドとセルフケアメソッドをアレンジし、わかりやすく紹介することができました。1パーツ1分〜。組み合わせは自由です。
気になる部分を集中して行うのもよし！ 1から始めるのもよし！ そしてこれからダイエットをする方、ダイエット停滞期中の方、部分ヤセをしたい方、色々な方々に活用していただける1冊になっています。
私自身が２０数年リバウンドせず、スタイルをキープできているメソッドをぜひお試しください。

この本はうれしいことに宝島社さんから発刊する４冊目の書籍となりました。４冊すべての制作に携わってくださったエディターの小寺さん・デザイナーの月足さんのおかげでまた素敵な著書が増えました。
またこれまでにお世話になった師匠・諸先輩、サロンへ通ってくださるお客様、私の活動を応援してくださる方々、また私を理解し、応援してくれる大切な家族、最愛の亡き父にも感謝いたします。

2017年11月　久 優子

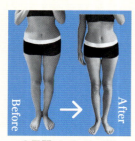

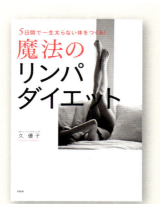

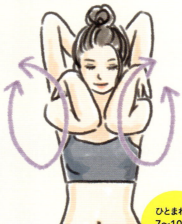

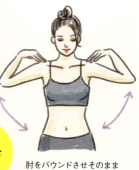

久 優子

美脚トレーナー
ボディメンテナンスサロン
「美・Conscious～カラダ職人～」代表

1974年生まれ。脚のパーツモデルを経て、ホリスティック医学の第一人者である帯津良一医師に師事。予防医学健康美協会・日本リンパセラピスト協会・日本痩身医学協会で認定を受ける。予防医学健康美協会ではリンパケア・ジョイントケアの講師としても活動。その後もさまざまな分野で研究を重ね、独自のボディメンテナンスメソッドを確立。マイナス15kgのダイエットに成功した経験を生かし、「足首」のケアをもとに「足から身体を整える」美メソッドを考案。サロンは開業当時から完全紹介制。美脚作りはもちろん、身体のバランスを整える駆け込みサロンとして有名人のファンも多い。著書に『1日3分！ 足首まわしで下半身がみるみるヤセる』（PHP研究所）、『脚からみるみるやせる2週間レシピ』、『1週間で「やせグセ」がつく自己管理メソッド』、『ハイヒールをはいても脚が痛くならないカラダのつくり方』（すべて宝島社）、『週末脚やせダイエット』（PHP研究所）がある。

yukohisashi.com
http://ameblo.jp/yhbody

スタッフ

写真	吉岡真理
スタイリスト	金山礼子
ヘアメイク	SATOMI〔cheka.〕
モデル	土屋ひかる［NMT inc.］
装丁・デザイン	月足智子
編集	小寺智子
編集アシスタント	中田絢子
イラスト・漫画	アオノミサコ

衣装

ボルドーのブラレット￥3990／
aerie（イーグルリテイリング）
その他／すべてスタイリスト私物

問い合わせ先

イーグルリテイリング ☎03-6418-1067
ヴェレダ・ジャパン 0120-070601
クラランス ☎03-3470-8545
財宝 0120-7777-40
タリア ☎044-701-1482
ドゥ・ラ・メール ☎03-5251-3541
ドクターエア 0120-05-8000
パル・ライフサポート㈱ ☎044-701-4486
フォリューム ☎03-3492-7040

押したら、ヤセた。

2017年12月13日 第 1 刷発行
2024年 8 月21日 第12刷発行

著者	久 優子
発行人	関川 誠
発行所	株式会社 宝島社 〒102-8388 東京都千代田区一番町25番地 編集：03-3239-0646 営業：03-3234-4621 https://tkj.jp
印刷・製本	日経印刷株式会社

ISBN 978-4-8002-7784-8